Dan Greenburg/Suzanne O'Malley

AUSGERECHNET LIEBE!

So retten Sie sich aus Liebe und Ehe.

♥♥♥ Die besten Tips und Tricks. ♥♥♥

Ins Deutsche übertragen von
Uta Schmid-Burgk

CADMOS
VERLAG

Die amerikanische Originalausgabe erschien 1983
unter dem Titel ‹How to Avoid Love and Marriage›
bei Running Press, Philadelphia

‹How to avoid love and marriage›
Illustrationen: Hansi Kiefersauer und die Autoren
Umschlag: Klaus Ungerer
Druck: Clausen & Bosse, Leck
Printed in Germany
ISBN 3-925760-21-0

INHALT

Warum brauchen Sie dieses Buch? 7

Was Sie als Single über Liebe und Ehe wissen sollten 9
Biologische und historische Ursprünge der Ehe – Neigungstest – Wie finde ich meinen Traummann? – Wie finde ich meine Traumfrau? – Wie Sie ihre Möglichkeiten offenhalten – Ein Glück - zwei Wohnungen – Leben aus der Plastiktüte – Wenn die Ehe unvermeidlich wird – Der philosophische Liebestest – u. v. m.

Wie man mit Heiratsplänen eine Ehe verhindert 34
Vertrauens-Quiz – Vernünftige Gründe für eine Heirat – Wenn Sie Ihr Versprechen bereuen – Was die unerfahrene Braut über Sex wissen sollte – Tips für die Hochzeitsnacht – u. v. m.

Lebenslänglich oder: Die Flitterwochen sind vorbei 44
Der eheliche Alltag – In kranken und gesunden Tagen – Der richtige Umgang mit Schwiegereltern und Eltern – Gemeinsam unterwegs – Wenn der Tag zu Ende ist – u. v. m.

Sex als Waffe in der Ehe 55
Die besten Ausreden – Wie Sie Ihrem Partner den Spaß verderben – Wie man ein Diaphragma benutzt – Do-it-yourself-Test zur sexuellen Leistungsfähigkeit – Eifersucht-der Gefühlskiller – Der Seitensprung – Quiz: Was wissen Sie über Sexualität? – u. v. m.

Geld als Waffe in der Ehe 76
Vom Umgang mit Geld – Die finanzielle Zukunftsplanung – Wem gehört das Geld? – Wem gehört das Haus? Ein Spiel für zwei Personen – Multiple-Choice-Test zum Möbelkauf – u. v. m.

Streit als Waffe in der Ehe 88
Warum streiten? – Wo streiten? – Wann streiten? – Fünf Regeln für den Streitfall – Alphabetisches Lexikon der wichtigsten Sätze – Wie aus einem banalen Gespräch ein Streit von befriedigender Dauer wird – Testproblem: Gemeinsam kochen – Wie Sie Vorwürfe sammeln – Absurde Vorwürfe – Wenn Sie unrecht haben – Wie Sie Ihren Partner bestrafen – Dramatisches Kofferpakken – Wer hat angefangen? – Test: Will ich mich scheiden lassen – u. v. m.

Warum brauchen Sie dieses Buch?

Kommt es manchmal vor, daß Sie mitten in einem Streit mit Ihrem Partner etwas so Unsinniges sagen, daß Sie selber lachen müssen?
Stellen Sie manchmal fest, daß Sie sich in Ihrer Beziehung kindisch und destruktiv benehmen, aber einfach nicht aufhören können?
Gut – dann ist dieses Buch bei Ihnen in den richtigen Händen! Denn Sie wissen, daß Sie – so wundervoll eine romantische Beziehung auch für Sie sein mag – immer einen Weg finden werden, um sie zu zerstören.
Warum? Weil es so verteufelt unangenehm ist, jemandem zu nahe zu kommen! Sie lassen sich auf einen Menschen ein, und als nächstes stellen Sie fest, daß Sie auf ewig gebunden sind, ohne die Möglichkeit, eine neue Beziehung einzugehen, falls Ihr Traummann/Ihre Traumfrau auf der Bildfläche erscheint.
Oder Sie kommen einem Menschen nahe, werden wirklich offen und verletzlich, und was passiert? Sie werden wegen einer anderen Person sitzengelassen!
Solchen Entwicklungen müssen Sie unbedingt zuvorkommen! Sie können natürlich erklären, Sie möchten sich niemals binden. Oder Sie sehnen sich verzweifelt nach einer Bindung, finden aber niemand, der wirklich zu Ihnen paßt.
Vielleicht möchten Sie sich auch nur alle Möglichkeiten offenhalten. Oder gehören Sie zu denen, die von sich sagen, sie hätten keine ernsthaften Absichten – aber sie würden auf der Stelle heiraten, wenn sie welche hätten? Ihre Enttäuschung kann sogar so groß sein, daß Sie beschlossen haben, auf Liebe und Ehe ganz zu verzichten.
Wem machen Sie eigentlich etwas vor? Glauben Sie sich etwa selber? Wollen Sie wirklich den Rest Ihres Lebens ohne je-

mand verbringen, der Sie liebt, und vielleicht irgendwann mutterseelenallein sterben, ohne daß jemand um Sie trauert? Na also! Deshalb brauchen Sie dieses Buch! Es ist dem versteckten Teil Ihres Selbst gewidmet, der Sie davor retten will, alleine alt zu werden. Der Teil, der lächelt, wenn Sie etwas völlig Verdrehtes sagen oder sich wieder einmal wie ein bokkiges Kind benehmen. Der Teil, der sich für Sie verantwortlich fühlt und Sie vor sich selbst retten will.
Wenn Sie irgendwo auf diesen Seiten den Schock des Wiedererkennens erleben – nehmen Sie es nicht so schrecklich ernst! Niemand braucht zu wissen, daß Sie auf einmal begreifen, wie Sie Ihren Partner – oder mögliche Partner – abweisen. Behalten Sie es für sich, teilen Sie das Geheimnis mit dem Teil Ihrer selbst, der immer auf Ihrer Seite ist!

WAS SIE ALS SINGLE ÜBER LIEBE UND EHE WISSEN SOLLTEN

Biologische und historische Ursprünge der Ehe

Bevor Sie sich für den Rest Ihres Lebens an einen Partner binden, ist es sicher von Interesse, sich noch einmal an die biologischen und historischen Wurzeln der Ehe zu erinnern. Die Ehe ist, wie Sie vielleicht wissen, kein Naturzustand. In der Natur tun sich Partner fast immer zum Zweck der Paarung zusammen. Nur wenige Mitglieder des Tierreichs bleiben auch danach zusammen – z. B. Brieftauben und Wale. Wollen Sie wirklich lebenslänglich mit einem Partner zusammenbleiben, nur weil Brieftauben und Wale es ebenso machen?
Der Brauch des Heiratens entstand ursprünglich, um die Besitzrechte einer Familie an Land und Vieh zu sichern. Ist das wirklich ein ausreichender Grund für Sie, eine Ehe einzugehen – weil man irgendwann in grauer Vorzeit auf diese Art seine Schäfchen ins Trockene brachte? Überlegen Sie doch noch mal!

Neigungstest: Wählen Sie Ihren zukünftigen Partner

Nehmen Sie sich jetzt einen Augenblick Zeit und beantworten Sie die folgenden Fragen, bevor Sie weiterlesen.

Welche der genannten Voraussetzungen sind günstig für eine ernsthafte Liebesbeziehung, welche sind ungünstig und warum?

1. Er lebt in einer anderen Stadt.
   ☐ GÜNSTIG ☐ UNGÜNSTIG
2. Sie geht halbtags auf den Strich.
   ☐ GÜNSTIG ☐ UNGÜNSTIG
3. Er ist Alkoholiker und leert täglich eine Flasche Gin, hat jedoch gelobt, das Trinken aufzugeben.
   ☐ GÜNSTIG ☐ UNGÜNSTIG
4. Sie hat bereits drei Ehen hinter sich.
   ☐ GÜNSTIG ☐ UNGÜNSTIG
5. Er ist unglücklich verheiratet und will seine Frau verlassen, sobald er eine geeignete Gelegenheit findet, es ihr mitzuteilen.
   ☐ GÜNSTIG ☐ UNGÜNSTIG
6. Er hat bereits drei Ehen hinter sich.
   ☐ GÜNSTIG ☐ UNGÜNSTIG
7. Ihre Flamme ist mindestens 15 Jahre jünger als Sie.
   ☐ GÜNSTIG ☐ UNGÜNSTIG
8. Sie ist eine reife Frau mit gutem Einkommen.
   ☐ GÜNSTIG ☐ UNGÜNSTIG

9. Er ist ein traumhafter Tänzer, der es in keinem Job lange aushält.

☐ GÜNSTIG ☐ UNGÜNSTIG

10. Sie ist wunderschön, als Gesprächspartnerin jedoch völlig uninteressant.

☐ GÜNSTIG ☐ UNGÜNSTIG

Antworten:

1. Günstig. Sie werden sich nicht oft genug sehen, um sich miteinander zu langweilen.

2. Günstig. Sie hat ein gewisses eigenes Einkommen, und bestimmt kann sie Ihnen noch ein paar Tricks zeigen.

3. Günstig. Bestimmt wird er tun, was er sagt.

4. Ungünstig. Sie hält es offenbar mit keinem lange aus.

5. Günstig. Sagen Sie ihm, wie er's machen soll.

6. Günstig. Er weiß jetzt, worum es geht, und ist bereit für eine dauerhafte Beziehung.

7. Günstig. Sie ist naiv genug, um von Ihnen beeindruckt zu sein.

8. Ungünstig. Sie verdient vielleicht mehr als Sie und läßt es Sie fühlen.

9. Günstig. Vielleicht wird er ja Berufstänzer und bekommt ein lukratives Engagement.

10. Günstig. Ihre Freunde werden Sie beneiden. Außerdem – wer will schon viel reden? Wenn Sie sich nichts zu sagen haben, macht ihr Anblick Sie wenigstens nicht krank!

Auswertung:

Wenn Sie mehr als sechs Mal «ungünstig» angekreuzt haben, ist Ihre Verfassung noch miserabler als vermutet. Womöglich suchen Sie immer noch nach Ihrem Traumpartner? Wenn ja, hilft Ihnen der folgende Abschnitt bestimmt weiter!

Wie finde ich meinen Traummann?

«Er» ist gutaussehend, intelligent und erfolgreich. Er arbeitet viel, aber er weiß sein Leben auch zu genießen. Er ist selbstbewußt, kleidet sich gut, er hat Humor und Sinn für Romantik. Einziger Minuspunkt: Er ist schon vergeben.

Aber so ist es eben – die tollen Typen sind alle in festen Händen! Die Momente, in denen einer frei wird, sind rar. Und vollends entmutigend ist die Tatsache, daß sie stark verlieren, wenn man sie näher kennenlernt! Plötzlich hat «*Er*» eine beginnende Glatze, trinkt etwas zu viel und ist ständig knapp bei Kasse.

Sehen Sie es ein – Sie haben nicht aufgepaßt! Da war schon der eine oder andere, den Sie hätten haben können, aber Sie haben zu lange gezögert. Meist lassen Sie sich auf Männer ein, die genau wie Ihr Traumtyp aussehen, und dann geht alles schief! Nach ein paar Verabredungen schickt er Ihnen Blumen und ruft Sie täglich an. Aus einer Einladung zur Pizza

BUNDESLÄNDER MIT
MEHR ALS 2 ALLEINSTEHENDEN MÄNNERN
WENIGER ALS 2 ALLEINSTEHENDEN MÄNNERN
WENIGER ALS 1 ALLEINSTEHENDEN MANN
QUELLE: ALLEINSTEHENDE FRAUEN

macht er einen Staatsakt. Und bevor Sie zur Besinnung kommen, erklärt er, daß er Sie wahnsinnig liebt, und nicht nur das – er will Sie heiraten!
Aber das Schlimmste daran ist, daß er sofort wieder zum Traummann wird, wenn Sie sich endlich von ihm getrennt haben!

Wie finde ich meine Traumfrau?

Es ist ziemlich einfach, eine mögliche *«Sie»* zu finden. Sie ist Fotomodell oder Schauspielerin oder vielleicht Stewardeß. Sie ist die Attraktivste weit und breit, und Sie befürchten, nicht genug zu verdienen, nicht gut genug auszusehen oder vielleicht nicht charmant genug zu sein, um ihr Interesse zu erregen.
Das Schlüsselwort ist «möglich»: Auch wenn Sie das Glück haben, eine mögliche *«Sie»* zu erobern, ist das natürlich keine Garantie, daß es auch die Richtige ist!
Während eine richtige Traumfrau absolut perfekt bleibt, hat eine mögliche vielleicht zu dicke Oberschenkel. Andererseits kann es passieren, daß eine mögliche *«Sie»*, die sich als Schwindel entpuppt hat, plötzlich wieder perfekte Oberschenkel bekommt, wenn Sie erfahren, daß sie mit einem anderen im Kino war – wer weiß?
Es ist ein Teufelskreis! Sie wissen erst, ob sie die Richtige ist, wenn sie Sie verlassen hat. Es gibt eben keine untrügliche Gewißheit!
Wie auch immer. Sie hat Sie geliebt, ja angebetet, und sie war Ihnen treu. Sie waren lieblos, haben sie auf die Probe gestellt und betrogen. Sie wußte, was für ein Ekel Sie sind, und trotzdem hat sie Sie weiter geliebt! Wer wird Sie jetzt noch lieben? Sie Armer! So schlecht wie jetzt haben Sie sich schon lange nicht mehr gefühlt!

Entwicklungshilfe

Traumfrauen und Traummänner mögen ihre Vorzüge haben, aber manchmal ist es günstiger, mit entwicklungsfähigen Partnern zu arbeiten, als eine fertige Persönlichkeit neben sich zu haben, die bereits in allem festgelegt ist.

Häufig werden Sie auf Partner stoßen, die ziemlich perfekt sind, abgesehen von einem oder zwei schwachen Punkten, die jedoch unter Ihrer erfahrenen Anleitung ohne Schwierigkeiten korrigiert werden können.

Hier sind ein paar Anregungen:

1. Bringen Sie einen verheirateten Mann dazu, seine Frau für Sie zu verlassen.
2. Bringen Sie eine verheiratete Frau dazu, ihren Mann für Sie zu verlassen.
3. Bekehren Sie einen Homosexuellen.
4. Suchen Sie sich jemand, der 20 Jahre jünger ist als Sie selbst.

Der richtige Anfang: Was man einem künftigen Partner sagt

Für eine reife Persönlichkeit, die an einer ernsthaften Beziehung interessiert ist, empfiehlt es sich, die Dinge frontal anzugehen. Sie wissen genau, was Sie wollen – warum also mehr Zeit aufwenden als unbedingt nötig, um herauszufinden, ob dieser oder jener mögliche Partner Ihren Ansprüchen gerecht wird? Überspringen Sie die üblichen Floskeln und kommen Sie direkt zur Sache.

DU BIST DIE EINZIGE FÜR MICH, SUSANNE!
SABINE!
ÄH... SABINE!
Hansi KIEFER

Wenn Sie männlichen Geschlechts sind:

1. Sagen Sie ihr, daß Sie noch nie eine Frau kennengelernt haben, die Ihnen gewachsen war.
2. Sagen Sie ihr, daß noch keine Frau es länger als drei Wochen mit Ihnen ausgehalten hat.
3. Sagen Sie ihr, Sie wüßten aus Erfahrung, daß Sie nie mit nur einer Frau glücklich sein könnten; fragen Sie sie, wie sie über eine »ménage à trois« und die offene Ehe denkt.
4. Sagen Sie ihr, daß Sie schon einmal verheiratet waren und das einer Frau nicht noch einmal antun würden.
5. Sagen Sie ihr, daß Sie auf keinen Fall Kinder haben wollen.
6. Sagen Sie ihr, daß für Sie der Beruf immer an erster Stelle stehen wird.

Wenn Sie weiblichen Geschlechts sind:

1. Erklären Sie ihm, daß für Sie die Karriere an erster Stelle steht und daß Sie sich auf keine Beziehung einlassen wollen, in der von Ihnen erwartet wird, daß Sie kochen, waschen und aufräumen.
2. Erklären Sie ihm, daß Kinder für Sie die Erfüllung einer Ehe sind.
3. Erklären Sie ihm, daß er ein toller Kerl ist und daß Sie sicher viel Spaß zusammen haben werden – aber er sei einfach nicht Ihr Typ.
5. Erklären Sie ihm, Sie seien mit einer lockeren Beziehung einverstanden, aber Sie seien sehr verliebt in einen verheirateten Mann; wenn ihn das störe, wollten Sie lieber gleich Schluß machen.

6. Erklären Sie ihm, Sie hätten gerne eine enge persönliche Beziehung zu ihm, solange sie platonisch bliebe. Sie seien zutiefst enttäuscht über die Männer von heute, die immer dann, wenn man ihnen vertraue, wenn man so weit sei, daß man zusammen einkaufen geht, zusammen duscht und miteinander kuschelt, doch früher oder später auf Sex bestünden und damit die gute Freundschaft zerstörten.
7. Erklären Sie ihm, er sei wirklich ein Schatz und genau der Typ Mann, in den Sie sich verlieben sollten, daß es Sie aber immer bei ganz anderen erwischt, die Ihnen dann das Herz brechen.
8. Erklären Sie ihm, daß Sie gerade eine traumatische Beziehung hinter sich hätten und sicher für die nächsten zwei, drei Jahre keine besonders gute Partnerin abgeben würden.

Wie Sie Ihre Möglichkeiten offenhalten, wenn der Partner ernsthafte Absichten entwickelt

Nehmen wir also an, es sei Ihnen nicht gelungen, Ihren Partner von seinen Absichten abzubringen – im Gegenteil! Aber wenn Sie jetzt ein bißchen aufpassen, haben Sie noch eine Chance!

Überhaupt – warum hat Ihr Partner eigentlich plötzlich ernsthafte Absichten? Hat sie/er womöglich Schwierigkeiten, andere Männer/Frauen kennenzulernen? Ist er/sie womöglich – emotional gesehen – ein Faß ohne Boden, das Sie füllen sollen? Diese Verantwortung können Sie unmöglich übernehmen!

Wenn Sie fünf Abende in der Woche miteinander verbringen, und Ihr Partner besteht auf sechs Abenden, dann ist das in Ordnung. Aber einen Abend in der Woche sollten Sie sich unbedingt freihalten, einfach für den Fall, daß Sie jemand anderes kennenlernen. Sonst haben Sie bald das Gefühl, in der Falle zu sitzen.
Stellen Sie sich doch einmal vor, daß Sie sich Ihrem Partner eines Tages ganz überlassen – und am nächsten Tag erfahren Sie, daß Jochen Sie seit langem anbetet bzw. Susanne Sie – vorausgesetzt, daß Sie ungebunden sind – auf der Stelle nehmen würde! Das heißt natürlich nicht, daß Sie Ihren gegenwärtigen Partner sofort aufgeben sollten. Aber vergessen Sie nicht, sich ein Türchen offenzuhalten für den Fall, daß Jochen oder Susanne anruft!

Der Treue-Test

Unter welchen Voraussetzungen würden Sie Ihrem Partner untreu werden? Beantworten Sie die folgenden Fragen mit Ja oder Nein.

Zuerst die Damen:

1. Robert Redford sieht zufällig ein Foto von Ihnen und schickt Ihnen einen telegrafischen Heiratsantrag.
☐ JA ☐ NEIN

2. Ein reicher Chirurg aus München lädt Sie für ein Wochenende nach Acapulco ein.
☐ JA ☐ NEIN

3. Der Kassierer im Supermarkt lächelt Sie schon zum dritten Mal an.
☐ JA ☐ NEIN

Und nun die Herren:

1. Zwei blutjunge Models verlieben sich hoffnungslos in Sie und laden Sie für ein Wochenende in die Provence ein.
   ☐ JA   ☐ NEIN

2. Eine entzückende Eisverkäuferin möchte mit Ihnen auf Sylt zelten.
   ☐ JA   ☐ NEIN

3. An einer überfüllten Autobahntankstelle zwinkert Ihnen ein weiblicher Tankwart zu.
   ☐ JA   ☐ NEIN

***Auflösung** (für beide Geschlechter):*

Wenn Sie *Frage 1* mit *Ja* beantwortet haben, sind Sie hoffnungslos romantisch. Für Ihren Partner besteht keinerlei Gefahr, Sie zu verlieren.

Wenn Sie *Frage 2* mit *Ja* beantwortet haben, ist Ihre Versuchungs-Schwelle nicht gerade hoch.

Wenn Sie *Frage 1–3* mit *Ja* beantwortet haben, ist es ziemlich wahrscheinlich, daß Sie binnen drei Monaten Herpes haben.

Wenn Sie *Frage 1–3* mit *Nein* beantwortet haben, dann lesen Sie dieses Buch gemeinsam mit Ihrem Partner.

Ein Glück – zwei Wohnungen

Das Zusammenleben in zwei Wohnungen ist der Idealzustand für alle, die dauerhafte Zweisamkeit vermeiden wollen. Das ist nämlich so schrecklich, daß es so gut wie niemand aushält! Paare, die in diesem Zustand leben, beenden ihn manchmal einfach deshalb, weil sie zwei Nächte hintereinander im selben Bett schlafen wollen oder weil sie sicher sein wollen, daß ein Schirm da ist, wenn es regnet. (*Anmerkung*: Es wäre ein Mißverständnis, aus diesen Gründen zu heiraten!)

Ein Fuß in der anderen Wohnung

In jeder Beziehung kommt irgendwann der denkwürdige Tag, an dem Ihr Partner Ihnen eine eigene Schublade in seiner Wohnung offeriert. Hierhinein kommen normalerweise alle Dinge, die Sie zu Hause bereits ausrangiert haben, oder billige Doubletten der schönen Gegenstände, die jetzt nutzlos in Ihrer Wohnung herumstehen. Jedesmal, wenn Sie die Schublade öffnen und Ihren alten Rasierapparat herausholen, werden Sie den Tag verfluchen, an dem Sie sich mit dieser enervierenden Lebensweise einverstanden erklärt haben.

(*Anmerkung:* Wenn Sie erst Ihre eigene Schublade haben, wird sich Ihre Beziehung in atemberaubender Geschwindigkeit weiterentwickeln. Privilegien wie ein eigener Wohnungsschlüssel oder die Erlaubnis, sich mit dem eigenen Namen am Telefon zu melden, folgen jetzt normalerweise rasch – gewöhnlich innerhalb von etwa zwei Jahren.)

WO KANN ICH DENN DIESE KLEINIGKEIT ABLEGEN?

WO KANN ICH DENN DIESE KLEINIGKEITEN ABLEGEN?

Leben aus der Plastiktüte

Nichts ist erfreulicher, als nach einem anstrengenden Tag im Büro nach Hause zu kommen, um alles einzupacken, was man am nächsten Tag benötigt. Nehmen wir an, Sie sind eine Frau, und heute war es ziemlich heiß. Sie wählen also für morgen ein leichtes Sommerkleid und luftige Sandalen, wickeln sie in weißes Seidenpapier und legen sie in eine möglichst neu aussehende Plastiktüte, damit ja niemand auf den Gedanken kommt, Sie kämen nicht vom Einkaufen. Am nächsten Morgen gießt es in Strömen, und es ist bitterkalt. Sie leihen sich einen alten Regenmantel von Ihrem Liebsten, hören sich den ganzen Tag die hämischen Bemerkungen Ihrer Kolleginnen an und haben abends eine Angina.

Gibt es etwas Vernichtenderes, als an einem kalten, regnerischen Tag mit einem Sommerkleid im Büro zu erscheinen? Nicht viel – außer der Vorstellung, im Abendkleid zum Diktat anzutreten.

Oder stellen Sie sich vor, Sie gehen abends mit Ihrem Liebhaber aus. Es wird spät, Sie sind beide müde, und er bittet Sie, bei ihm zu übernachten, obwohl Sie eigentlich an der Reihe wären, weil er am nächsten Morgen eine wichtige geschäftliche Besprechung hat. Was zur Folge hat, daß Sie zwei Tage hintereinander im gleichen Kostüm ins Büro gehen. Wie halten Sie bloß die Blicke des Chefs und Ihrer Kollegen aus?

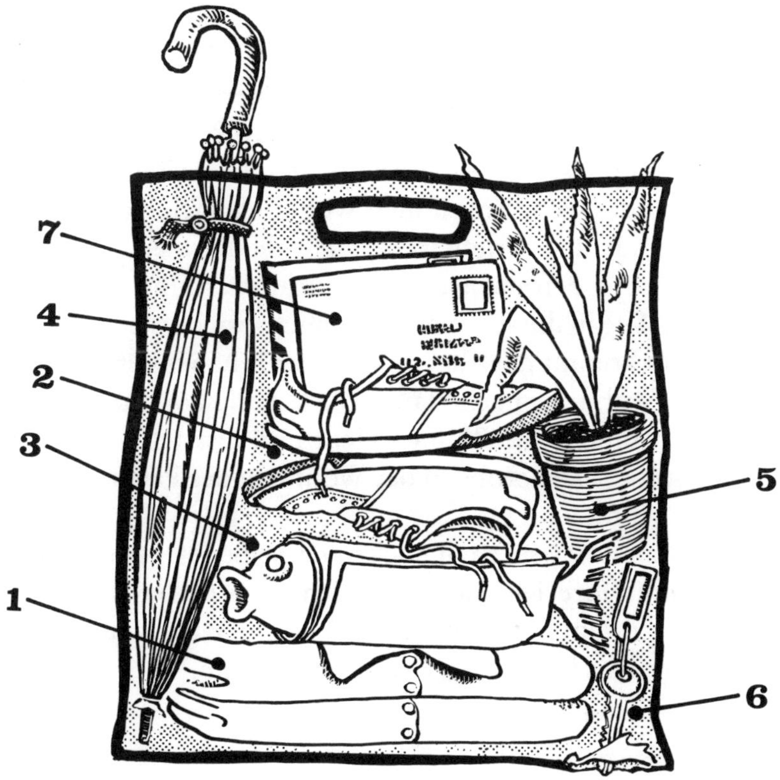

RÖNTGENAUFNAHME: PLASTIKTÜTE EINER JUNGEN, WEIBLICHEN, UNVERHEIRATETEN PERSON, UNTERWEGS ZUR WOHNUNG IHRES LIEBHABERS

1. Bluse für den nächsten Tag, zeitlos, gebügelt. 2. Turnschuhe, irrtümlich eingepackt. 3. Vorspeise fürs gemeinsame Abendessen, unzureichend eingewickelt. 4. Regenschirm, am Vortag schmerzlich vermißt. 5. Dahinwelkende Topfpflanze, mitgenommen in der Hoffnung, daß sie in der Wohnung des Partners regelmäßiger gegossen wird. 6. Schlüssel zur Wohnung des Partners, nach einem Jahr geduldigen Wartens endlich erhalten; wird leider gleich durch das Loch in der Tüte entschwinden. 7. Die Post der letzten zehn Tage, darunter eine Einschreibsendung, abzuholen innerhalb von sieben Werktagen, welche inzwischen verstrichen sind, und eine Postkarte der beunruhigten Eltern mit der dringenden Bitte, sich sofort bei ihnen zu melden, da man ja zu Hause nie zu erreichen sei.

Das Gesetz der schöneren Wohnung

Irgendwann stellt in einer Beziehung mit zwei Wohnungen derjenige, der die schlechtere Wohnung hat, fest, daß er überproportional viel Zeit in der schöneren Wohnung verbringt. Jeden Tag kommt der Besitzer der weniger schönen Wohnung nach Hause, nimmt die Post aus dem Briefkasten, gießt die Blumen, sucht die Kleidung für den nächsten Tag zusammen und macht sich auf den Weg in die schönere Wohnung, um dort zu schlafen. Und dann kommt der Tag, an dem der Inhaber der weniger schönen Wohnung nach Hause kommt, die Post aus dem Briefkasten nimmt, die Blumen gießt und feststellt, daß sich seine gesamte Garderobe in der Wohnung des Partners befindet.
Was tun?
Nun, der Partner hat soeben dasselbe festgestellt. In der Tat nimmt Ihre Kleidung sämtlichen verfügbaren Platz in seinem/ihrem Schrank ein, und er/sie hat das ungute Gefühl, hier nicht mehr länger zu Hause zu sein.

Als nächstes

1. kommt es zu einem lautstarken Streit.
2. Sie füllen zehn Plastiktüten mit Ihren Habseligkeiten.
3. Sie kehren in Ihre bescheidene Behausung zurück.
4. Dort packen Sie aus.
5. Ihr Partner ruft an und bittet Sie um Entschuldigung.
6. Sie geben nach.
7. Sie packen wieder ein.
8. Sie wiederholen 1.–7.–, sobald es notwendig wird.

   Und nun wird es Zeit für

Greenburgs Gesetz: Die Natur verabscheut Paare mit gleichen Gewohnheiten

Die Chance, daß zwei Menschen, die zusammen leben wollen, in ihren Gewohnheiten übereinstimmen, ist äußerst gering. Unvermeidlich wird *Er* Socken, Unterwäsche und Zeitungen auf dem Fußboden verstreuen, wenn *Sie* peinlich ordentlich ist.

Sie liebt frische Luft und eine Temperatur von höchstens 18 Grad, während *Er* auf geschlossenen Fenstern besteht und sich erst bei 24 Grad so richtig wohlfühlt.

Er steht am liebsten vor Sonnenaufgang auf und geht unmittelbar nach dem Abendessen zu Bett, *Sie* kommt nicht vor zehn aus den Federn und kann vor Mitternacht nicht einschlafen.

Aber kein Gesetz ohne Ausnahme!

O'Malleys Folgerung: Es gibt auch Ausnahmen!

In seltenen Fällen geschieht es, daß sich zwei Menschen finden und zusammen leben wollen, die auf allen Gebieten die gleichen Ansichten und Gewohnheiten haben. Sollte das bei Ihnen der Fall sein, dann gibt es nur eins: Einer von Ihnen muß sich schleunigst ändern!

Und zwar gründlich! Er/sie muß einen Lebensstil entwikkeln, der in vollständigem Kontrast zu dem des Partners steht. Es ist völlig gleichgültig, wer von beiden sich dazu entschließt, aber er/sie muß sämtliche Energien dafür einsetzen, auch den Partner zu diesem neuen Lebensstil zu bekehren.

Trotz völliger Gegensätzlichkeit der Lebensanschauungen – oder gerade deshalb – beschließen auch heute immer noch zahlreiche Paare, den nächsten Schritt zu tun: Sie denken ans Heiraten.

Wenn die Ehe unvermeidlich wird

Wenn sich eine wirklich enge Beziehung zwischen Ihnen entwickelt hat und eine Heirat nunmehr unumgänglich scheint, haben Sie immer noch folgende Möglichkeiten:

1. Sie bringen Ihren Partner dazu, Sie zu verlassen.
2. Sie verlassen Ihrerseits Ihren Partner. (Achten Sie aber bitte darauf, daß es so aussieht, als sei er/sie schuld und nicht Sie selber!)

Grundsätzlich ist es einfacher, verlassen zu werden. Zu den beliebtesten Methoden, die dazu führen, daß man verlassen wird, gehören:

1. Erzählen Sie ihm/ihr, daß jede ernsthafte Beziehung, die Sie in der Vergangenheit hatten, unweigerlich nach drei Monaten in die Brüche ging, weil Ihr Partner sich leidenschaftlich in einen Ex-Partner verliebte.
2. Bestehen Sie darauf, daß er/sie noch mehr Zeit mit Ihnen verbringt, auch wenn Ihnen daran gar nicht unbedingt so viel liegt. Wenn Ihre Forderung erfüllt wird, beklagen Sie sich, daß er/sie Sie vernachlässigt.
3. Machen Sie aus der kleinsten Nebensächlichkeit eine Katastrophe, indem Sie in Tränen aus-

brechen und schreien: «Jetzt hast Du alles zerstört!»

4. Lassen Sie ihn/sie wissen, daß Ihre Beziehung ständig in Gefahr ist. Ob er/sie Sie kritisiert, weil Sie Ihren Eltern noch immer nichts von Ihrer Beziehung erzählt haben oder weil Ihr Auto dringend in die Werkstatt müßte – betonen Sie die Ungewißheit, indem Sie feststellen: «Unsere Beziehung funktioniert einfach nicht!»
5. Nehmen Sie Ihren Partner einfach als selbstverständlich hin. Seien Sie unaufmerksam und unsensibel. Wundern Sie sich darüber, was Sie an ihm/ihr anfangs so angezogen hat.
6. Machen Sie sie/ihn für alles verantwortlich, was in Ihrer Beziehung geschieht.

Wenn die Beziehung zu Ende ist

Wenn Sie sich trennen, wird einer von Ihnen – oder auch Sie beide – sich nach einer neuen Umgebung umsehen, die besser zu Ihrem Dasein als Single paßt. Wenn Sie gegangen sind, machen Sie den Sympathie-Bonus, den die/der Verlassene für sich beanspruchen kann, dadurch wett, daß Sie den Eindruck erwecken, Sie seien wesentlich schlimmer dran. Wenn Sie eine genügend spartanische Wohnung wählen, sind Sie vom verlassenen Partner kaum noch zu unterscheiden.

Egal, ob Sie verlassen haben oder verlassen worden sind, werden Sie Wert darauf legen, daß Ihr neues Heim sich deutlich von Ihrem bisherigen Lebensstandard abhebt. Eine enge, dunkle, ungemütliche Wohnung kommt Ihren jetzigen Bedürfnissen am gelegensten. Wenn Sie Ihren Partner verlassen, nehmen Sie absolut nichts mit in Ihre neue Wohnung; werden Sie verlassen, nehmen Sie alles, was Sie in die Finger krie-

gen können, aber verkaufen oder verschenken Sie alles, was irgendwie von Wert ist, unter dem Vorwand, es sei zu groß, zu elegant oder zu protzig für Ihre neue Umgebung.
Kaufen Sie um Gottes Willen keine neuen Möbel und kein neues Geschirr – alles Ihren Bedürfnissen Entsprechende finden Sie in Trödelläden, auf Flohmärkten oder auf dem Sperrmüll.
Hängen Sie keine Bilder an die Wände, verzichten Sie auf Lampenschirme, und tun Sie auch sonst nichts, was Ihre Wohnung irgendwie anheimelnd wirken lassen könnte. Pak-

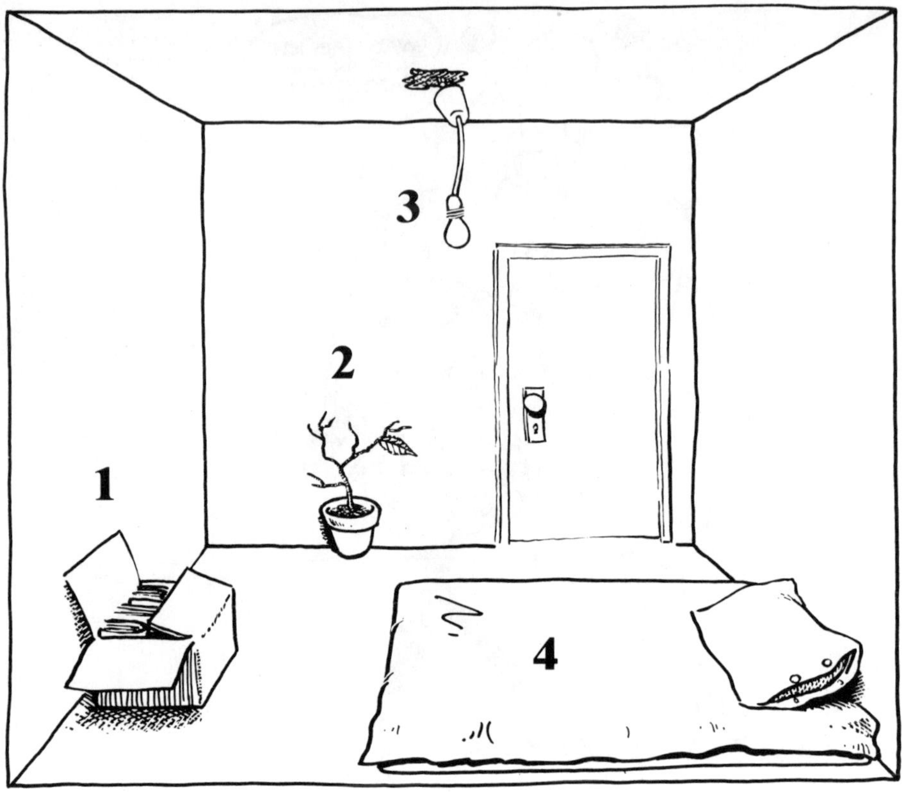

EINRICHTUNGSVORSCHLAG:
DIE WOHNUNG NACH DER TRENNUNG

1. Unausgepackte Kartons, deren Inhalt (Bücher, Schallplatten etc.) allzu schmerzliche Erinnerungen wachrufen würde. 2. Vertrocknete Topfpflanze, Reminiszenz an das letzte Stadium der zu Ende gegangenen Beziehung. 3. Nackte Glühbirne, welche die Tatsachen angemessen beleuchtet. 4. Matratze auf dem Fußboden. Wem stünde jetzt der Sinn nach Gemütlichkeit im Bett?

ken Sie auf keinen Fall die Kartons mit Ihren Besitztümern aus (evtl. abgesehen von der Kiste mit den Liebesromanen). Auf diese Art und Weise wird nie ein Zweifel daran aufkommen, daß es sich bei diesem Umzug lediglich um eine zeitlich begrenzte Maßnahme handelt. Wenn Ihr Partner nach 30 Jahren noch immer nicht erschienen ist, um Sie zurückzuholen, dürfen Sie wahlweise Ihre Kartons auspacken oder in eine nettere Wohnung umziehen – ganz wie Sie wollen.

Wichtige Anmerkung: Auch wenn Sie weggegangen sind, dürfen Sie darauf warten, daß Ihr Partner Sie zurückholt. Sie wissen – wenn sie/er Sie wirklich geliebt hätte, hätte sie/er Sie niemals gehen lassen!

Der philosophische Liebestest

Stellen Sie Ihrem Partner im geeigneten Moment die folgende Frage: «Wenn wir beide mit einem Flugzeug abstürzen, was wäre dir lieber: daß wir beide sterben oder ich alleine?»

WIE MAN MIT HEIRATSPLÄNEN EINE EHE VERHINDERT

Vertrauen

Jeder, der gute Ratschläge für Liebe und Ehe gibt, betont die außerordentliche Notwendigkeit des Vertrauens zueinander. Vertrauen, so heißt es, ist eins der wichtigsten Elemente einer so ernsthaften Beziehung wie der Ehe.
Das ist natürlich kompletter Unsinn! Vertrauen hat man in seine Bank oder zu sich selbst oder zum Wetterbericht.
Vertrauen ist ein ziemlich abgenutzter Begriff, und Sie wissen ja selbst: Vertrauen ist gut, Gewißheit ist besser!

Vertrauens-Quiz

Welche Begriffspaare sind falsch?

1. Bausparvertrag – Vertrauen
2. Ehe – Vertrauen
3. Handwerker – Vertrauen
4. Sonderangebot – Vertrauen
5. Empfängnisverhütung – Vertrauen

Vernünftige Gründe für eine Heirat

Ein paar zynische Zeitgenossen sind der Meinung, daß vernünftige Gründe fürs Heiraten überhaupt nicht existieren. Das ist natürlich eine ziemlich unvernünftige Ansicht. Es gibt durchaus Umstände, in denen sich eine Heirat empfiehlt. Hier seien nur die wichtigsten Gründe * für eine Eheschließung genannt:

1. Sie wollen sich selbst oder anderen etwas beweisen.
2. Sie lernen jemand kennen und verbringen eine angenehme Nacht mit ihm/ihr.

3. Sie wollen jemand bestrafen, der Sie sitzengelassen hat.
4. Sie wollen Ihre Eltern bestrafen und heiraten eine(n) Ausländer(in).

* *Anmerkung:* Eine bestehende Schwangerschaft zählt nicht länger zu den wichtigen Gründen!

Was Sie bedenken sollten, bevor Sie den entscheidenden Schritt tun

Nehmen wir also an, Sie wollen aus einem der vorgenannten Gründe eine Ehe eingehen. Bevor Sie Ihre Entscheidung in die Tat umsetzen, stellen Sie sich zunächst die folgenden Fragen:

1. Was geschieht, wenn ich jemand finde, der mir besser gefällt?
2. Wer von uns stirbt vermutlich zuerst?
3. Wer sollte meiner Meinung nach zuerst sterben?
4. Wie wird er/sie in 30 bzw. 40 Jahren aussehen?
5. Warum sollte ich mich an jemand binden, der in 30 oder 40 Jahren alt, häßlich oder tot ist?
6. Warum sollte ich mit jemand das Badezimmer teilen?

Die Hochzeitsvorbereitungen

Sie haben also sämtliche Befürchtungen unterdrückt und verfolgen Ihre Heiratspläne weiter. Gut so – wenn Sie es nicht anders wollen!

Hoffen wir für Sie, daß Sie darauf bestanden haben, Ihre

Hochzeit selbst zu bezahlen – denn dann ist es wirklich Ihre und nicht die Ihrer Eltern. Hoffen wir außerdem, daß Sie eine aufwendige Hochzeit ins Auge fassen und keine Kosten scheuen. Drückende Schulden zu Beginn einer Ehe wirken sich stärkend auf den Charakter aus – vorausgesetzt, Sie überleben das Ganze.

Andererseits – warum beginnen Sie Ihre Ehe nicht damit, daß Sie Ihre Eltern in drückende Schulden stürzen? Machen Sie sich keine Gedanken über die Entbehrungen, die Ihre Eltern auf sich nehmen, damit Sie an Ihrem Hochzeitstag glücklich sind!

Die finanzielle Beteiligung der Eltern an Ihrer Eheschließung bedeutet keinesfalls, daß sie nun Druck auf Ihre Ehe ausüben. (Könnten Ihre Eltern überhaupt noch mehr Druck ausüben?)
Wenn Sie Ihre Eltern bezahlen lassen, entgehen Sie überdies der lästigen Verpflichtung, das Ereignis zu planen und zu organisieren. Mama und Papa werden sich um alles kümmern – vom Brautkleid bis zur Gästeliste.
Welche nette Überraschung, wenn Sie auf Ihrer Hochzeit von wildfremden Menschen umarmt und geküßt werden, die mit Tränen in den Augen verkünden: «Ich kannte dich schon, als du noch *so* klein warst!»
Selbstverständlich werden Ihre Eltern alles ganz nach Ihrem eigenen Geschmack arrangieren – was Ihnen das Gefühl vermittelt, auf Ihrer eigenen Hochzeit zu Gast zu sein. Glückwunsch!

Wenn Sie Ihr Versprechen bereuen

Bedenken Sie – es ist nie zu spät, ein Heiratsversprechen zurückzunehmen! Lassen Sie sich dabei nicht von finanziellen Erwägungen leiten. Auch wenn Sie bereits DM 500,– für goldgeprägte Einladungskarten ausgegeben haben – es ist immer noch besser, das Geld in den Schornstein zu schreiben, als sich für den Rest Ihres Lebens unglücklich zu machen.
(Außerdem können Sie die Rückseiten der Karten für Notizen benutzen und die Umschläge für Ihre Korrespondenz verwenden.)
Und mit ein bißchen Fantasie läßt sich auch aus einem Brautkleid ein praktischer Bürodress zaubern – Sie brauchen es nur zu kürzen und den Spitzenbesatz sowie die Volants abzutrennen.

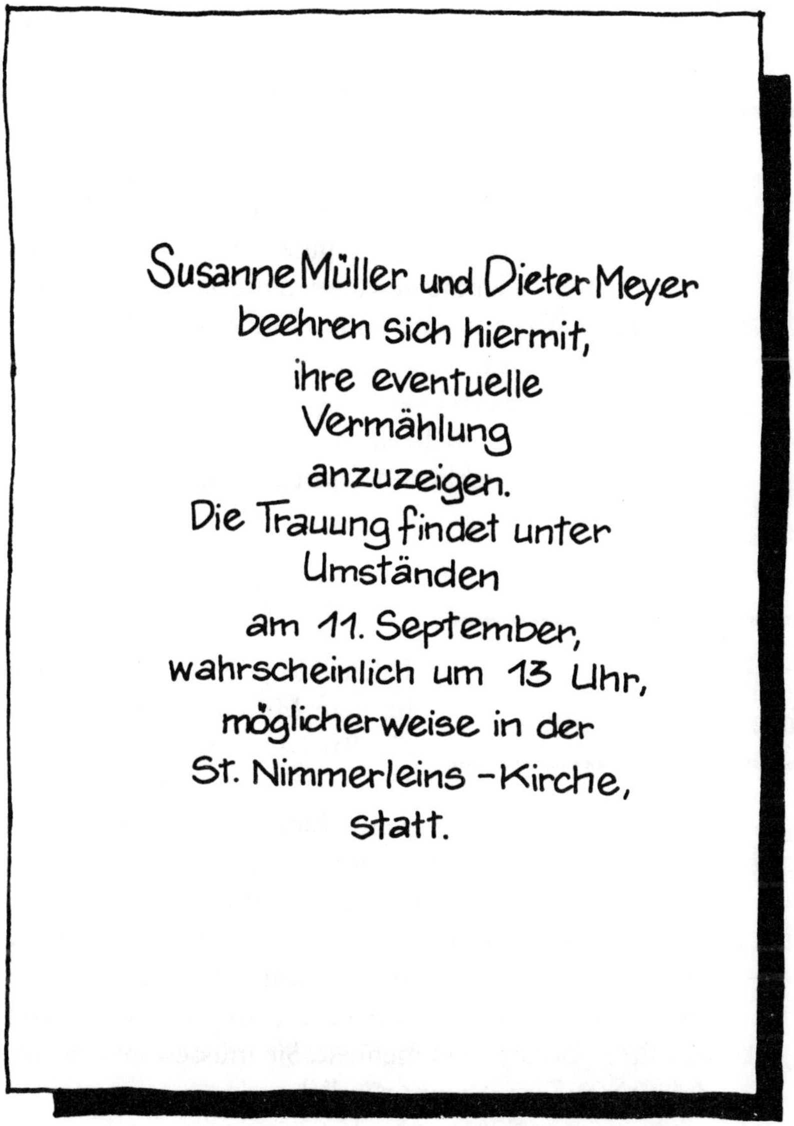

HEIRATSANZEIGE FÜR VORSICHTIGE

Der Rückzug am Hochzeitstag

Nur weil ein paar Dutzend Verwandte aus Niederbayern und Ostfriesland angereist sind, müssen Sie noch lange nicht heiraten! Ihre Verwandten wollten Sie sowieso schon lange mal wiedersehen, und diese freuen sich ganz bestimmt über ein richtiges Familientreffen! Die Geschenke können Sie ihnen ja einfach wieder mitgeben, oder Sie bewältigen die Sache mit Humor und erklären: «Was für eine entzückende Kristallschale! Weißt du, ich behalte sie einfach, dann brauchst du mir nichts zu Weihnachten zu schenken!»

Der Rückzug am Hochzeitstag ist die beste Gelegenheit, um allen Unannehmlichkeiten aus dem Weg zu gehen. Die zweitbeste ist:

Der Rückzug während der Trauung

Fallen Sie ja nicht auf das weitverbreitete Mißverständnis herein, daß ein Rückzug während der Trauung Versagen oder Feigheit oder ein Grund ist, sich zu schämen. Wenn der Standesbeamte fragt: «Wollen Sie diesen Mann zum Ehemann» bzw. «Wollen Sie diese Frau zur Ehefrau», dann sollten Sie die Gelegenheit nutzen und sich ernsthaft mit dieser Frage auseinandersetzen. Sie sind vielleicht der Meinung, «Ja» oder «Nein» seien die einzig möglichen Antworten; aber damit beweisen Sie nur Ihre Voreingenommenheit. Sie müssen sich gar nicht so definitiv äußern. Es gibt nämlich viele

Denkbare Antworten auf die Frage des Standesbeamten

Während der Standesbeamte auf Ihre Antwort wartet, drehen Sie sich doch einmal um und betrachten Sie die Hochzeitsgesellschaft. Überlegen Sie gut, ob eine(r) der Anwesenden nicht vielleicht doch besser zu Ihnen paßt.

Wenn Ihnen jemand gefällt, wählen Sie folgende Formulierung: «Ich glaube nicht.»

Wenn Sie noch unsicher sind, wie Sie sich entscheiden sollen, sagen Sie dem Standesbeamten: «Kann ich später noch einmal auf Ihre Frage zurückkommen?» Wurden Sie zuerst gefragt, denken Sie daran, wie unfair das ist! Sie sollen sich festlegen und gehen dabei das Risiko ein, daß Ihr Partner sich ablehnend äußert. Statt dessen könnten Sie also bemerken: «Warum fragen Sie nicht ihn (sie) zuerst? Warum soll immer ich die Entscheidungen treffen?» Oder Sie sagen: «Ich will nur, wenn er (sie) auch will!»

Der Hochzeitsempfang

Nehmen wir an, Sie haben die Frage des Standesbeamten beide zustimmend beantwortet. Um sich von den Grübeleien abzulenken, worauf Sie sich da eingelassen haben, ist es ratsam, Ihre Gedanken auf etwas völlig anderes zu konzentrieren, beispielsweise auf die Kosten für den Hochzeitsempfang. Die Berechnung, ob der Wert der Geschenke in etwa die Höhe Ihrer Ausgaben erreicht, wird Sie für ein Weilchen voll in Anspruch nehmen.

Was die unerfahrene Braut über Sex wissen sollte

Nachdem das Fest vorbei ist, sind nun vielleicht einige hilfreiche Anmerkungen für die ängstliche Braut zum wichtigsten Ereignis ihres Lebens, der Hochzeitsnacht, angebracht. Ihre ganze Kindheit hindurch haben Ihnen Ihre Eltern, Ihre Lehrer und der Pfarrer erzählt, daß Sex unmoralisch, schmutzig und deshalb verboten ist. Von heute nacht an können Sie das alles vergessen! Sexuelle Beziehungen zwischen Ehemann und Ehefrau sind nicht dasselbe wie zwischen Mann und Frau! Sexuelle Beziehungen zwischen Ehepartnern sind völlig in Ordnung. Manche Menschen sind der Ansicht, es existiere kein Unterschied zwischen Sex innerhalb und außerhalb der Ehe, weil sich zwischen den Partnern genau das gleiche abspielt, aber das ist schlicht und einfach unwahr!

Tips für die Hochzeitsnacht

Wenn sie noch keine intimen Beziehungen miteinander unterhalten haben, ist die Hochzeitsnacht die ideale Gelegenheit, damit anzufangen. Physisch und psychisch erschöpft durch die Hochzeit und die Trennung von Ihrer Familie finden Sie sich allein in einem vollkommen fremden Hotel wieder, womöglich in einem wildfremden Land, dessen Sprache Sie nicht beherrschen, wo das Wasser ungenießbar ist und wo es vielleicht sogar kürzlich politische Unruhen gegeben hat.

Aber auch wenn Sie schon seit Jahren miteinander schlafen, ist die Hochzeitsnacht ein besonderes Ereignis, an das Sie besondere Erwartungen knüpfen dürfen. Stellen Sie sich vor, daß es diesmal perfekt, romantisch und unvergeßlich wird! In dieser Nacht entscheidet es sich vielleicht sogar endgültig, ob Sie zusammenbleiben oder nicht!

Bestehen Sie auf Champagner im Hotelzimmer, auch wenn Sie bereits zu viel getrunken haben. Machen Sie sich keine Sorgen über Verhütung, Wanzen oder mögliches Versagen.
Vergessen Sie, was Sie immer wieder gehört haben: Männer, die jahrelang ausgezeichnete sexuelle Beziehungen zu ihrer Partnerin unterhielten und in der Hochzeitsnacht und für immer komplett versagten. Sie beide dürfen erwarten, daß Sie einen überwältigenden und gleichzeitigen Höhepunkt erleben – auch wenn Sie noch nie einen hatten. Bevor Sie miteinander schlafen, ergreifen Sie die Hand Ihres Partners, sehen Sie ihm/ihr tief in die Augen und sagen Sie: «Vergiß nicht, Liebling, an das, was wir in der nächsten Stunde erleben, werden wir uns unser ganzes Leben erinnern!»

Die übrigen Flitterwochen

Vergessen Sie nun die Depressionen nach der Hochzeit und vor allem nach der Hochzeitsnacht. Sprechen Sie auch mit niemand darüber. Irgendwann kommt es Ihnen dann vielleicht so vor, als habe das alles gar nicht stattgefunden.
Denken Sie auch nicht darüber nach, wie gräßlich Sie sich jetzt fühlen. Denken Sie lieber an die neue Wohnung, die Sie gemietet haben, daran, daß die Miete für Sie eigentlich unerschwinglich ist und daß sie im Moment dazu noch unbewohnt ist! Denken Sie außerdem ununterbrochen daran, was dieses Hotel Sie kostet. Teilen Sie Ihrem Partner diese Überlegungen regelmäßig mit.
Aber irgendeinen Sinn muß dieser kostspielige Urlaub schließlich haben! Also nutzen Sie die Zeit für ausgedehnte Sonnenbäder. Erwischen Sie einen Sonnenbrand – auch gut. Ihr «Faß mich bloß nicht an!» hält Ihren Partner bis auf weiteres auf Distanz.

LEBENSLÄNGLICH ODER: DIE FLITTERWOCHEN SIND VORBEI

Der eheliche Alltag

Die Flitterwochen sind vorbei. Jetzt müssen Sie also die Zeit irgendwie gemeinsam totschlagen – und das womöglich für den Rest Ihres Lebens!

Was wollen Sie mit dieser ganzen Zeit anfangen? Haben Sie keine Angst davor, daß es bald nichts mehr gibt, worüber Sie reden könnten? Schreckt Sie der Gedanke nicht, daß Sie vielleicht 40 oder 50 Jahre miteinander zubringen müssen, Ihnen aber bereits nach einem halben Jahr der Gesprächsstoff ausgeht?

Nun, werfen Sie nicht gleich die Flinte ins Korn! Wo ein Problem ist, da ist auch eine Lösung!

Ganz gleich, ob es um die Frage geht, wie man Abwechslung in den Alltag bringt, wie man den Partner unterhält oder was im Krankheitsfall zu tun ist; ob es sich um den Umgang mit den Schwiegereltern handelt oder darum, wie man dem Partner hilft, eine Anekdote zu erzählen – wir sagen Ihnen, wie's gemacht wird. Passen Sie gut auf, und üben Sie fleißig! Auf geht's!

Wie man Abwechslung in den Alltag bringt

Sehen wir den Tatsachen doch ins Auge: Egal, wie wundervoll Sie sich gegenseitig vor der Heirat fanden – die Ehe ist langweilig! Tagein, tagaus derselbe Trott! Bringen Sie doch ein wenig Abwechslung ins Dasein! Wie? Nun, Sie könnten beispielsweise die Mitteilungen an Ihren Partner mit Witz, Humor, Ironie und – ja, warum nicht – auch mit einer Prise Sarkasmus würzen.
Das ist für die Konversation wie der Pfeffer fürs Steak – ohne ist fade. Wie öde, täglich ums Salz zu bitten, indem Sie sagen: «Würdest du mir bitte das Salz geben?» Wieviel aufregender klingt doch die folgende Formulierung: «Wäre es sehr viel verlangt, wenn ich dich bäte, mir das Salz zu reichen?»
Na, kapiert?

Worte der Zärtlichkeit

Wenn Sie verheiratet sind, werden Kosenamen wie «Schatz», «Liebling» oder «Schnucki» bald völlig neue Bedeutungen annehmen. Eheleute gebrauchen sie nämlich ganz anders als Unverheiratete! Zum Beispiel:

1. «*Liebling*, würdest du bitte den Müll raustragen?»
2. «*Schatz*, mußt du ausgerechnet im Schlafzimmer rauchen?»
3. «*Schnucki*, faß mich da bitte nicht an!»
4. «*Herzchen*, heute bist du mit dem Abwasch dran!»
5. «*Mein Engel*, wo hast du bloß den Autoschlüssel hingelegt?»

ENTSCHULDIGE KÖNNTEST DU DAS BITTE NOCH EINMAL WIEDER-
HOLEN ICH HABE DICH NICHT RICHTIG VERSTANDEN WER
GLAUBST DU EIGENTLICH BIST DU ICH BIN DOCH NICHT DEIN
DIENSTMÄDCHEN HÖR AUF IN DIESEM TON MIT MIR ZU REDEN
ICH GLAUBE WIR PASSEN EINFACH NICHT ZUSAMMEN ICH
HABE JETZT DIE NASE VOLL JA DU HAST MICH GANZ RICH-
TIG VERSTANDEN NEIN DAS SOLL KEINE DROHUNG SEIN
UNSERE INTERESSEN SIND EINFACH ZU VERSCHIEDEN
DANN GEH DOCH PACK DOCH EINFACH DEINE KOFFER ICH
GLAUBE NICHT DASS ICH MIR DAS BIETEN LASSEN MUSS
DAS IST JA REIZEND WO WILLST DU DENN ÜBERHAUPT
HIN ICH KANN ES EINFACH NICHT GLAUBEN DAS IST ALSO
DER DANK FÜR ALLES DAS HABE ICH WIRKLICH NICHT VER-
DIENT NACH ALL DEN JAHREN WARUM MUSSTE ICH AUSGE-
RECHNET DICH HEIRATEN GEH DOCH ENDLICH WIESO VER-
SCHWENDE ICH ÜBERHAUPT NOCH MEINE ZEIT MIT DIR
JETZT BRINGST DU DAS FASS ABER WIRKLICH ZUM ÜBER-
LAUFEN WAS HAST DU EIGENTLICH DAVON WAS BILDEST DU
DIR DENN EIN DU BIST JA NICHT NORMAL DU BRAUCHST
JA EINEN PSYCHIATER ICH RUFE JETZT DEINE MUTTER
AN UND WIEDERHOLE ALLES WAS DU GESAGT HAST JA
GEH NUR DU HAST MIR SOWIESO DIE GANZE ZEIT NICHT
ZUGEHÖRT WARUM SAGST DU JETZT NICHTS WAS SOLL
DENN DAS NUN WIEDER GLAUBST DU ICH KANN GE-
DANKEN LESEN DU TRAUST DICH JA DOCH NICHT ZU GE-
HEN LASS MICH JETZT ALLEIN HALT WOHIN GEHST DU
KOMM SOFORT ZURÜCK NEIN ES IST ZU SPÄT ES IST VOR-
BEI WENN DU JETZT GEHST BRAUCHST DU ÜBERHAUPT
NICHT MEHR WIEDERZUKOMMEN O NEIN MIR GEHT ES GUT
ES WIRD DIR NOCH LEID TUN DASS DU DAS GESAGT HAST
ACH WIEDERHOL DAS DOCH NOCH MAL WAS IST DENN
LOS BIST DU TAUB DAS GEHT NUN ABER WIRKLICH ZU
WEIT WIR KÖNNEN AUCH JETZT GLEICH SCHLUSS MA-
CHEN DOCH ICH MEINE ES ERNST MIR REICHT ES END-
GÜLTIG

TAPETENMUSTER FÜR DAS EHELICHE SCHLAFZIMMER

Imitieren

Das Imitieren des Partners ist eine der wirkungsvollsten und unterhaltsamsten Techniken, die Sie im Ehealltag anwenden können! Allerdings erfordert diese subtile Kunst etwas Übung. Zunächst sollten Sie sich mit der richtigen Mimik, der richtigen Körperhaltung und der richtigen Aussprache vertraut machen.

1. ***Die richtige Mimik:*** Sehen Sie in einen Spiegel. Stellen Sie sich jetzt vor, Sie lutschen eine Zitrone aus. Prägen Sie sich genau ein, wie sich Ihr Mund verzieht! Die Oberlippe berührt beinahe die Nase, die Nasenflügel blähen sich, die Augen werden zu Schlitzen und die Brauen ziehen sich zusammen – alles gleichzeitig! Stellen Sie sich nun außerdem vor, Sie beseitigen ein Häufchen, das Ihr Hund auf dem Wohnzimmerteppich hinterlassen hat: Das ist die richtige Mimik!

2. ***Die richtige Körperhaltung:*** Stemmen Sie die Hände in die Hüften, beugen Sie den Oberkörper nach vorne, strecken Sie den Po raus und wiegen Sie sich leicht hin und her: Das ist die richtige Körperhaltung!

3. ***Die richtige Aussprache:*** Lassen Sie Ihre Stimme zwei Oktaven höher klingen als gewöhnlich. Betonen Sie beim Sprechen jede zweite oder dritte Silbe, indem Sie sie dehnen: Das ist die richtige Aussprache!

Wann wenden Sie diese Technik an? Nun, im Prinzip eignet sich jede Situation dafür. Besonders passend sind natürlich alle Gelegenheiten, bei denen Ihr Partner etwas Kritisches oder völlig Abwegiges äußert wie: «Ich hätte niemals geglaubt, daß Du so nachtragend bist!» oder: «Kann man denn nie seine Ruhe haben!» Nehmen wir einmal an, sie/er hätte gerade gesagt: «Ich verbitte mir diesen Ton!» Denken Sie an Mimik, Körperhaltung und Aussprache und versuchen Sie's: «Ich verbiiitte mir diiiesen Tooon!» Na also, gar nicht schlecht!

In kranken und gesunden Tagen

Auch in der kürzesten Ehe kann es vorkommen, daß ein Partner krank wird. Für solche Fälle ist es wichtig, genau zu wissen, wie man sich richtig verhält, um die Situation so emotional befriedigend wie nur möglich zu gestalten. Beherzigen Sie auf jeden Fall folgende Tips:

1. Wenn Ihr Partner krank ist

Seien Sie in den ersten zwei Stunden sehr fürsorglich. Bestehen Sie darauf, daß sie/er sich ins Bett legt und Temperatur mißt. Bieten Sie an, ihr/ihm das Frühstück ans Bett zu bringen, vergessen Sie es dann aber. Das zwingt Ihren Partner dazu, wiederholt darum bitten zu müssen, und gibt Ihnen wiederum die Gelegenheit, sich über ihren/seinen nörgelnden Ton zu ärgern. Schließlich stürmen Sie in die Küche, machen möglichst viel Lärm und knallen dann das Frühstückstablett zornbebend aufs Bett. Vergessen Sie nicht, ihre/seine Beschwerden ins Lächerliche zu ziehen!

2. Wenn Sie selbst krank sind

Leiden Sie so geräuschvoll wie möglich! Übertreiben Sie alle Symptome: Wenn Sie Halsschmerzen haben, tun Sie so, als brächten Sie keinen Ton mehr heraus; bei einem leichten Husten röcheln

und keuchen Sie möglichst effektvoll; handelt es sich um eine unbedeutende Erkältung, tun Sie so, als sei es mindestens eine schwere Grippe oder eine beginnende Lungenentzündung. Ist es eine Magenverstimmung, stöhnen Sie wie ein Todeskandidat. (Wie man ein Fieberthermometer auf über 40 ° bringt, weiß jedes Schulkind. Eine Anleitung erübrigt sich also an dieser Stelle.)
Jammern Sie ununterbrochen darüber, wie vernachlässigt Sie sich fühlen, und wie aufopferungsvoll Sie sich im umgekehrten Fall verhalten. Erwarten Sie, daß Ihr Partner alles für Sie tut – vor allem das, was Sie auch selbst tun könnten. Wenn das alles nichts nützt: Werden Sie noch kränker!
(Siehe auch: Krankheit als Strafe, S. 113)

3. Wenn Sie beide gesund sind:
Entdecken Sie, wie wichtig Sport und gesunde Ernährung sind! Beginnen Sie gleich frühmorgens mit Gymnastik im gemeinsamen Schlafzimmer bei weit geöffnetem Fenster! Das macht Sie munter – und Ihren Partner garantiert auch!
Achten Sie darauf, daß Ihr Partner sich gesund ernährt! Sorgen Sie dafür, daß er weder trinkt noch raucht und endlich seine überflüssigen Pfunde loswird! Überwachen Sie diese Bemühungen sorgfältig, z. B., indem sie eine Gewichtstabelle führen. Nennen Sie bei jeder Mahlzeit sowohl den Vitamin- als auch den Kaloriengehalt. Sorgen Sie dafür, daß alle ungesunden Nahrungsmittel vom Küchenzettel verbannt werden, als da sind: Pommes Frites, fettes Fleisch, Weißbrot, Zucker, Salz, Kaffee, Tee, Kuchen, Kekse, Eis, Konserven. Führen Sie statt dessen so gesunde Sachen ein wie: Sojabohnensprossen, Algen, Weizenkeime, Bierhefe,

Vollkornmehl und ungeschälten Reis. Behalten Sie unbedingt für sich, daß Ihnen das Zeug auch nicht schmeckt! Lesen Sie laut vor, was die Lebensmittel enthalten, die Ihr Partner eingekauft hat. Geben Sie Ihrer Stimme dabei einen kritischen Unterton und ziehen Sie die Brauen zusammen. Unterläuft sie / er Ihre Bemühungen immer wieder, erklären Sie großzügig, daß natürlich jeder selbst für seine Gesundheit verantwortlich sei.

Der richtige Umgang mit Schwiegereltern und Eltern

1. Wie Sie Ihre Schwiegereltern behandeln, wenn Ihr Mann / Ihre Frau sie liebt:
Werfen Sie ihr / ihm vor, völlig auf ihre / seine Eltern fixiert zu sein. Weisen Sie immer wieder auf die vielen Fehler hin, die sie haben. Machen Sie aus jedem Besuch Ihrer Schwiegereltern ein Drama. Sorgen Sie dafür, daß Sie an solchen Tagen einen Haufen wichtiger Termine haben.

2. Wie Sie Ihre Schwiegereltern behandeln, wenn Ihre Frau / Ihr Mann sie nicht ausstehen kann:
Werfen Sie ihr / ihm vor, respektlos und undankbar zu sein. Betonen Sie die Vorzüge Ihrer Schwiegereltern (auch wenn Sie sie erfinden müssen)! Erklären Sie, daß Sie die beiden gern viel häufiger sehen würden, und laden Sie sie so oft wie möglich zu sich ein. Überraschen Sie Ihren Partner damit!

Flirten Sie mit dem Schwiegerelternteil des anderen Geschlechts. Umarmen Sie sie oft, und nennen Sie sie «Mutter» und «Vater».

3. Wie Sie mit Ihren eigenen Eltern umgehen, soweit es Ihre Ehe betrifft:
Kritisieren Sie Ihre Eltern, auch wenn kein Grund vorliegt. Tut Ihr Partner jedoch dasselbe, verteidigen Sie Ihre Eltern und erinnern Sie sie/ihn daran, wie großzügig sie sich bei der Anschaffung Ihres neuen Autos gezeigt haben. Wenn Sie diese Strategie konsequent anwenden, wird Ihr Partner sich aller Wahrscheinlichkeit nach bald nur noch positiv über Ihre Eltern äußern. Das gibt Ihnen Gelegenheit, ihr/ihm vorzuwerfen: «Immer hältst du zu ihnen!»

4. Wie Sie mit ihren/seinen Freunden umgehen:
Die Regeln für den Umgang mit Schwiegereltern gelten sinngemäß auch für den Umgang mit den Freunden des Partners.

Gemeinsam unterwegs

Hin und wieder ist es unumgänglich, daß Sie gemeinsam Ihr trautes Heim verlassen, z. B., um eine Party zu besuchen. Sorgen Sie dafür, daß Ihr Partner vorher eine detaillierte Wegbeschreibung anfertigt. Sobald Sie unterwegs sind, melden Sie heftige Zweifel an ihren/seinen Angaben an, bis Sie sich hoffnungslos verfahren haben. Natürlich trifft Sie keinerlei Schuld daran. Sie dürfen sie/ihn hemmungslos mit Vorwürfen überhäufen!
Kritisieren Sie jedoch niemals die Fahrweise Ihres Partners! Sie sitzen wortlos auf dem Beifahrersitz, dürfen jedoch gegebenenfalls sichtbar zusammenzucken, hörbar tief Luft holen

oder auf eine imaginäre Bremse treten. Erlaubt sind lediglich hilfreiche Tips:

1. «Liebling, ich glaube, du hast Grün!»
2. «Ich bin nicht sicher, ob du eben die Vorfahrt hattest.»
3. «Der Bremsweg bei diesem Tempo beträgt 500 Meter.»

Wie Sie Ihrem Partner helfen, eine Anekdote zu erzählen

Bei einem geselligen Zusammensein mit Freunden fordern Sie Ihren Partner auf, ein wahnsinnig komisches Erlebnis zu erzählen, das Sie im letzten Urlaub hatten.

1. Damit es auch wirklich amüsant wird, bitten Sie sie/ihn, die Geschichte auf ihre/seine unnachahmliche Art zu erzählen.

Sie: «Schatz, warum erzählst du nicht diese wahnsinnig komische Geschichte, wie du damals das Auto fast ins Meer gesteuert hast?»
Ihr Partner wird geschmeichelt sein und sich nicht lange bitten lassen. Sobald er angefangen hat,

2. Korrigieren Sie alle Einzelheiten, die Sie anders in Erinnerung haben. Erst wenn die Details stimmen, werden die Zuhörer sich vor Lachen am Boden wälzen!

Partner: «Nun ja, als wir letztes Jahr auf Mallorca waren, hatten wir einen kleinen Jeep gemietet. Die Straßen waren so schlecht, daß...»
Sie: «Es war nicht eigentlich ein Jeep. Mehr so eine Art Rover!»
Partner: «Na, egal, jedenfalls fuhren wir durch eine höllisch enge...»

Sie: «Also, das war gar nicht Mallorca! Auf Mallorca hast du doch die Herrschaft über den Wagen verloren und bist mitten in diesen Töpferstand gerast! Wenn ich noch daran denke, wie der Mann die Polizei geholt hat! Also, was ich meine, das war auf Teneriffa!»

3. Unterbrechen Sie Ihren Partner, sooft es nötig ist. Ergänzen Sie alles, was sie/er vergessen hat.
Partner: «Na ja, egal, wo es nun war, wir saßen in diesem Jeep oder was es war, die Straße war höllisch eng und so steil, daß wir...»
Sie: «Vergiß nicht zu erwähnen, daß wir in einer Bar waren, bevor wir losgefahren sind. Wir hatten nämlich ganz schön einen sitzen! Außerdem war es stockfinster, und die Scheinwerfer funktionierten nicht richtig. Und wir hatten kein Geld dabei – das wird nämlich später wichtig! O.K., erzähl weiter, Schatz!»

4. Sobald Ihr Partner die Geschichte zu Ende gebracht hat, erzählen Sie noch einmal Ihre komplette eigene Version.

Wenn der Tag zu Ende ist

Irgendwann müssen Sie beide, wie alle anderen Menschen auch, ins Bett gehen. Hier sind ein paar hilfreiche Tips, wie Sie auch diesen Teil des Tages abwechslungsreich gestalten können:

1. Lüften Sie demonstrativ den Raum, in dem Ihr Partner gerade ein faszinierendes Buch liest oder einen spannenden Fernsehfilm sieht.

2. Ist Ihr Partner müde, bestehen Sie darauf, noch die «Tagesthemen» zu sehen, und schalten Sie nicht vor den «Nachtgedanken» ab.
3. Brechen Sie einen Streit vom Zaun und schlafen Sie auf dem Höhepunkt ein.
4. Nehmen Sie die Zeitung mit ins Bett und lesen Sie Ihrem Partner die aufregendsten Neuigkeiten laut vor.
5. Erklären Sie, Sie könnten nicht einschlafen, solange sie/er nicht neben Ihnen liegt.
6. Wälzen Sie sich im Bett herum, bis Decken und Laken hoffnungslos zerwühlt sind.
7. Essen Sie Knäckebrot im Bett, notfalls Zwieback.
8. Schnarchen Sie.

SEX ALS WAFFE IN DER EHE

Die besten Ausreden für «Sie» und «Ihn»

Tagtäglich werden Sie in Ihrem Eheleben mit der Verpflichtung zur Erfüllung der ehelichen Pflichten konfrontiert.
Auch wenn Ihr Partner dies ebenfalls als Pflichtübung auffaßt, wird er dennoch auf Erfüllung bestehen – es sei denn, Sie haben eine plausible Entschuldigung zur Hand.
Hier ist eine Auswahl in der Praxis bewährter Entschuldigungen:

1. Ich habe Kopfschmerzen.
2. Ich bin erschöpft.
3. Mir ist übel.
4. Ich habe zu viel gegessen.
5. Ich bin zu nervös.
6. Ich bin zu beschäftigt.
7. Ich habe einen Eisprung.
8. Ich muß noch arbeiten.
9. Ich habe meine Tage.
10. Ich habe morgen einen anstrengenden Tag.
11. Ich bin sauer auf dich.
12. Ich habe zu viel um die Ohren.
13. Ich könnte schwanger werden.
14. Es ist zu früh.
15. Ich bin schwanger.
16. Es ist zu spät.

17. Ich bin nicht in Stimmung.
18. Ich ruiniere meine Frisur.
19. Ich muß mich dauernd kratzen.
20. Ich habe zu viel getrunken.
21. Die Kinder könnten uns hören.
22. Wir haben doch gestern erst.
23. Er hat noch nie was von Vorspiel gehört.
24. Sie lügt.
25. Es geht mit immer zu schnell.
26. Sie braucht immer ewig bis zum Höhepunkt.
27. Ich mag einfach nicht. Ich bin dir doch keine Rechenschaft schuldig!

Fünf Extra-Gründe für Ehemänner

1. Sie will vorher immer mit mir baden.
2. Sie will immer, daß wir es im Freien tun.
3. Sie will nicht, daß ich vorher was trinke.
4. Sie will nie, daß ich die Vorhänge zuziehe und das Licht ausmache.
5. Sie will nie mal was Neues ausprobieren.

Fünf Extra-Gründe für Ehefrauen

1. Er will immer, daß ich Strapse trage.
2. Er will immer oben liegen.
3. Er will immer Polaroids von mir machen.
4. Er will immer, daß uns jemand zusieht.
5. Er ist nie spontan und fantasievoll.

Wie Sie Ihrem Partner den Spaß am Sex verderben, indem Sie abends zu lange im Badezimmer bleiben

Je länger Sie abends im Badezimmer bleiben, umso größer ist die Chance, daß Ihr Partner es aufgibt, auf Sie zu warten. Viele Ehemänner und Ehefrauen klagen darüber, daß die Badezimmer zu klein sind, um sich so lange darin aufzuhalten, bis der Partner entweder verärgert oder zu müde ist. Das ist natürlich Nonsens. Wenn Sie Ihr Gesicht gewaschen, die Zähne geputzt, Gesicht, Hände und Körper eingecremt haben, vielleicht gar ein Schaumbad genommen und die Haare gewaschen und geföhnt haben, wird es höchste Zeit, daß Sie sich die folgenden Fragen stellen:

1. Sollte ich mir vielleicht den Bart schneiden?
2. Sollte ich mir vielleicht die Zehennägel schneiden?
3. Sollte ich mir vielleicht die Augenbrauen zupfen?
4. Sollte ich nicht vielleicht diesen Mitesser ausdrücken?

5. Sollte ich nicht vielleicht die Haare unter den Achseln entfernen?
6. Wird meine Glatze womöglich größer? Sollte ich vielleicht einen zweiten Spiegel nehmen und das genauer untersuchen?
7. Sollte ich nicht vielleicht doch meine Fußnägel lackieren?
8. Sollte ich nicht den Medikamentenschrank aufräumen?

Herzlichen Glückwunsch – Ihr Partner ist soeben eingeschlafen!

Weitere Möglichkeiten, Ihrem Partner den Spaß am Sex zu verderben

Es gibt so unendlich viele Möglichkeiten, dem Partner den Sex zu vermiesen, daß wir hier nur die gebräuchlichsten anführen wollen.

1. Seien Sie aktiv, aber gestalten Sie Ihre Aufforderung so wenig einladend, daß Ihr Partner gründlich abgeschreckt wird. Hier sind drei Muster-Formulierungen:

a) «Ich muß morgen früh raus, aber fünf Minuten hätte ich noch Zeit. Reicht dir das?»
b) «Ich habe Magenbeschwerden und fühle mich wirklich nicht wohl, aber wenn du unbedingt willst! Mach's aber bitte kurz!»
c) «Du siehst ja, wie erkältet ich bin! Es macht dir doch hoffentlich nichts aus!»

2. Beginnen Sie zu einem unpassenden Zeitpunkt mit dem Vorspiel. Umarmen Sie Ihren Partner zum Beispiel innig, wenn Sie gerade mit Verspätung das Haus verlassen wollen, um einen Zug zu erreichen, oder unmittelbar bevor Ihre Schwiegereltern zu Besuch kommen.

3. ***Beginnen Sie das Vorspiel an einem ungeeigneten Ort.*** Wählen Sie einen Ort, der die Fortsetzungen Ihrer Aktivitäten unmöglich macht, z. B. einen Wartesaal, einen Bus oder eine Drehtür.

4. ***Beginnen Sie das Vorspiel zu einer ungeeigneten Zeit und an einem ungeeigneten Ort***, z. B. in einem Aufzug zwei Stockwerke, bevor Sie aussteigen müssen.

5. ***Lassen Sie das Vorspiel ganz weg.*** Warum kostbare Zeit verschwenden? Sagen Sie Ihrem Partner ganz einfach, was Sie wollen, und kommen Sie sofort zur Sache.

6. ***Deuten Sie an, daß Sie das Gehabe Ihres Partners im Bett lächerlich finden.*** Er/sie wird diesen Hinweis zu schätzen wissen!

7. ***Machen Sie Sex zur Pflichtübung.*** Nehmen Sie eine der folgenden bewährten Haltungen ein:

   a) Ich muß mit ihm/ihr schlafen, wenn ich ihn/sie liebe.
   b) Ich muß mit ihm/ihr schlafen, wenn ich eine richtige Frau/ein richtiger Mann bin.
   c) Ich muß mit ihm/ihr schlafen, sonst bin ich nicht normal.

8. ***Machen Sie sich so unattraktiv wie möglich für Ihren Partner.*** Duschen Sie nicht unbedingt täglich; nehmen Sie zu; laufen Sie zu Hause in einem uralten Bademantel herum; tun Sie sich auch sonst keinen Zwang an.

9. Machen Sie aus einer gelungenen Nummer einen Grund zur Zurückweisung! Befriedigender Sex ist gefährlich: Sie könnten sich daran gewöhnen, und das macht sie verletztlich und abhängig von Ihrem Partner! Ziehen Sie sich also lieber gleich wieder zurück, wenn es wirklich ausnahmsweise mal ganz toll war. Machen Sie dieses zufällige Ereignis zum Maßstab Ihres künftigen Liebeslebens. Am besten sagen Sie ihrem Partner, Sie wüßten jetzt, wie schön es schon viel früher hätte sein können; werfen Sie ihm vor, daß er offenbar nicht genug Interesse daran hat und Sie folglich nicht genug liebt.

10. Sehen Sie in Ihrem Ehemann Ihren Vater oder in Ihrer Ehefrau Ihre Mutter. Die meisten Menschen haben keine Lust, mit ihrem Vater oder ihrer Mutter zu schlafen. Das bringt uns zu einem interessanten Punkt:

Wie Sie das Inzest-Tabu für sich ausnutzen

Als Sie klein waren, hat man Ihnen beigebracht, daß sexuelle Empfindungen in bezug auf Familienmitglieder ungehörig sind. Warum sollte dieses Verbot jetzt auf einmal ungültig sein? Ihr Mann/Ihre Frau ist schließlich ein Mitglied Ihrer Familie, oder? Wie können Sie sich dann ihm/ihr gegenüber sexuelle Empfindungen gestatten?

Bleibt die Frage, wie lange Sie es vermeiden können, mit jemand zu schlafen, der jede Nacht mit Ihnen im selben Bett liegt und versucht, Ihre Aufmerksamkeit zu erregen!

Sexueller Begabungstest für Männer

Welches Wort gehört nicht dazu?

1. Mutter
2. Schwester
3. Ehefrau
4. Vamp
5. Verlobte
6. Fellatio

Wie man ein Diaphragma benutzt

Und nun ein Wort zur Empfängnisverhütung. Die meisten Arten der Empfängnisverhütung nehmen dem Sex die Spontaneität und machen ihn zu einer geplanten Angelegenheit. Die meisten Menschen haben keine Lust am geplanten Sex. Spontaner Sex ist menschlich, geplanter Sex ist so verworfen, daß man versucht, das Ganze so abschreckend wie möglich zu gestalten. Die Abschreckendste Form der Verhütung ist das Diaphragma.

Welcher Partner die Verantwortung für seine Benutzung trägt, ist nebensächlich – beide sind gleichermaßen in der Lage, dafür zu sorgen, daß die Lust auf der Strecke bleibt.

Der Mann könnte der Meinung sein, daß die Benutzung des Diaphragmas ein natürlicher Bestandteil des Liebesspiels ist. Dies ist eine glänzende Gelegenheit, es (1) verkehrt herum einzusetzen, es wieder herauszunehmen und noch einmal von vorne anzufangen, (2) es zu verlieren und mit einer Taschenlampe danach suchen zu müssen oder (3) es so ungeschickt anzufassen, daß es quer durchs Zimmer fliegt.

Die Frau kann, um die Spontanität zu retten, das Diaphragma einsetzen, bevor sie ins Bett kommt. Ehe sie das tut, sollte sie sich jedoch zur Sicherheit erkundigen: «Liebling, glaubst du, daß du heute Lust hast? Ich will es nämlich nicht umsonst einsetzen!» Sie kann es natürlich auch ohne zu fragen einsetzen und dann im Bett erklären: «Hörst du, ich weiß ja nicht, ob du überhaupt Lust hast, aber wo es nun schon mal drin ist, könntest du wenigstens so tun, als seist du interessiert!»

Wenn keiner der beiden daran gedacht hat, den Liebesakt durch Einsetzen des Diaphragmas vorzubereiten, kann es auch sehr erheiternd sein, damit herumzufummeln, wenn man längst «dabei» ist!

Viele Gynäkologen betonen, daß das Diaphragma an Ort und Stelle sein muß, bevor es losgeht. Das ist unwahr. Statistiken beweisen, daß die durchschnittliche Zahl der Anwen-

dungen entscheidend ist, so daß die Chance, daß es wirkt, genauso groß ist, wenn es in der Büroschublade liegt.
Und überhaupt – vielleicht ist es ja heute gar nicht gefährlich!

Der Do-it-yourself-Test zur sexuellen Leistungsfähigkeit

1. Sie und Ihr Partner lieben sich:

a) öfter als einmal pro Tag.
b) öfter als einmal pro Woche.
c) öfter als einmal pro Monat.
d) mindestens einmal pro Jahr, egal, ob Sie Lust haben oder nicht.

2. Die Beziehung zu Ihrem Partner ist:

a) so gut wie in der Woche, in der Sie sich kennengelernt haben.
b) so gut wie die Ihrer besten Freunde.
c) so gut wie die, die man im Fernsehen sieht.

3. Wie oft haben Sie einen Orgasmus?

a) Jedes Mal
b) Meistens
c) Das hängt davon ab, was Sie sich in Ihrer Fantasie vorstellen.
d) Was ist ein Orgasmus?

4. *Welche der folgenden Berühmtheiten repräsentiert die Liebestechnik Ihres Partners am besten:*

a) Catherine Deneuve
b) Warren Beatty
c) Jerry Lewis

Der vorgetäuschte Orgasmus

Wir sprechen hier vor allem vom vorgetäuschten Orgasmus durch die Frau. Der vorgetäuschte Orgasmus durch den Mann ist vorwiegend ein mentaler Gewaltakt und braucht uns deshalb nicht weiter zu interessieren. Seit jeher ist der vorgetäuschte Orgasmus aus zwei Gründen populär:

1. Er gestattet es dem männlichen Partner, sich wesentlich besser zu fühlen, als er in Wirklichkeit ist, und
2. erlaubt er es der Frau, heftige Gefühle der Abneigung zu entwickeln.

Heute nimmt die Bedeutung des vorgetäuschten Orgasmus immer mehr ab, teils durch den Einfluß des Feminismus, teils – und das deckt sich mit den Absichten dieses Buches – weil die Frau ihrem Partner endlich vorwerfen kann, daß er sie nicht befriedigt. Diese Eröffnung ist wie keine andere geeignet, das männliche Ego in Frage zu stellen. Was Sie daraus machen, hängt ganz davon ab, wie ernst es Ihnen mit der Zerstörung Ihrer Ehe ist!

Impotenz und Frigidität – wie man sie entwickelt und wem man die Schuld gibt

Impotenz und Frigidität sind die klassischen Mittel, mit denen man die Liebe sabotiert und eine Ehe zerstört.

Auch wenn Sie Ihre ganze Energie darauf richten, frigide oder impotent zu werden – entscheidend ist, Ihren Partner mit Ihren Bemühungen zu übertreffen. Und geben Sie sich niemals selbst die Schuld!

Greifen Sie zu erprobten Bemerkungen, die mit Sicherheit Frigidität bzw. Impotenz erzeugen:

1. «Warum hast du mich gezwungen, die letzten beiden Whiskys mitzutrinken?»
2. «Warum wechselst du dauernd den Rhythmus?»
3. «Warum redest du dauernd und zerstörst meine Fantasien?»
4. «Warum machst du so häßliche Geräusche?»
5. «Warum geht es bei dir immer so schnell?»
6. «Ich weiß wirklich nicht, was du von mir erwartest!»

So werden Sie als Mann impotent

1. Unmittelbar vor dem Liebesakt konzentrieren Sie sich ganz auf die Vorstellung, daß Ihr Ruf als Liebhaber einzig und allein von diesem Mal abhängt. Stellen Sie sich außerdem Ihre Partnerin als Theaterkritikerin vor, die mit gezücktem Notizblock im Publikum sitzt.
2. Unmittelbar vor dem Liebesakt konzentrieren Sie sich ganz auf die Vorstellung, daß Sie Ihre Partnerin verlieren, wenn Sie nicht sofort eine Erektion haben und Sie nicht für mindestens zwei Stunden aufrechterhalten können bzw. so lange, bis Ihre Partnerin zum Orgasmus kommt – je nachdem, was länger dauert.
3. Während des Liebesaktes konzentrieren Sie sich ganz auf die Vorstellung, daß jeder normale, gesunde, heterosexuelle Mann eine Erektion hat, sobald ein Slip fällt. Sollten Sie dann keine haben, sind Sie nicht normal.

So werden Sie als Frau frigide

1. Während Sie sich lieben, zählen Sie die Stunden zusammen, die Sie mit Kochen, Putzen, Waschen und Einkaufen zugebracht haben, während Ihr Partner geschlafen, ferngesehen oder seine Karriere vorangebracht hat.

2. Während Sie sich lieben, zählen Sie die Male zusammen, die Ihr Partner dabei oder unmittelbar danach eingeschlafen ist.
3. Während Sie sich lieben, denken Sie daran, wie oft Sie im Dunkeln ins Badezimmer gegangen sind und feststellen mußten, daß Ihr Partner die Klobrille obengelassen hat.
4. Während Sie sich lieben, stellen Sie sich vor, daß Ihre Schwiegermutter an die Tür kommt und ruft: «Soll ich Euch nicht eine Kleinigkeit zu essen machen?»

Fantasien

Bisher haben wir uns damit beschäftigt, wie man sich und dem Partner den Spaß am Sex verdirbt, indem man physisch abwesend ist. Wir kommen jetzt zu den Möglichkeiten der geistigen Abwesenheit.
Während Sie mit Ihrem Partner schlafen, stellen Sie sich bitte vor, er/sie sei ein berühmter Filmstar. Männer z. B. könnten sich Bo Derek vorstellen, und Frauen – nun ja, warum nicht auch Bo Derek? Es kommt nicht darauf an, wen Sie sich vorstellen, sondern daß sie *überhaupt* an jemand anderes denken. Denn die Alternative wäre, sich mit Ihrem Partner zu beschäftigen! Was Sie auch tun, denken Sie nicht zu oft an dieselbe Person – es könnte zu einer Abhängigkeit aus Gewohnheit kommen, und das ist das Letzte, was Sie gebrauchen können!

Eifersucht – der Gefühlskiller

Nichts treibt einen tieferen Keil zwischen zwei Menschen als die Eifersucht. Richtig angewandt, befähigt Sie die Eifersucht, auch den winzigsten Funken von Zuneigung zu ersticken, der in der ehelichen Beziehung aufzuglimmen droht.

Sie mögen jetzt vielleicht einwenden: «Aber ich neige nicht zur Eifersucht!» Machen Sie sich darum keine Sorgen! Wenn Sie die folgenden Anleitungen genau befolgen, werden auch Sie innerhalb kürzester Zeit die wüstesten Eifersuchtsdramen inszenieren können.

1. Lesen Sie sämtliche Post Ihres Partners.
2. Erwerben Sie die nötige technische Ausrüstung, um Ihren Partner auch dann kontrollieren zu können, wenn Sie nicht persönlich anwesend sind.
3. Rufen Sie alle Freunde ihres Partners an und berichten Sie ihnen, wie empört Sie darüber sind, daß er/sie eine Affäre hat. Sichern Sie sich die Sympathien der Angerufenen und sorgen Sie dafür, daß sie es weitererzählen.
4. Auf Partys verhalten Sie sich betont besitzergreifend Ihrem Partner gegenüber und unhöflich zu allen, mit denen er/sie sich unterhält oder die er/sie ansieht.
5. Beschaffen Sie sich die Adressen seiner/ihrer früheren Partner und schicken Sie ihnen anonyme Briefe.
6. Belauschen Sie die Telefongespräche Ihres Partners und lassen Sie Szenen wie die nachstehende folgen.

Gatte: «Wer war das eben am Telefon, Schatz?»
Sie: «Jemand aus dem Büro.»
Gatte: «Ein Mann?»
Sie: «Ja, ein Kollege.»
Gatte: «Kenne ich ihn?»
Sie: «Nein.»
Gatte: «Sieht er gut aus?»
Sie: «Nein.»
Gatte: «Er wollte dich einladen, stimmt's?»
Sie: «Laß den Quatsch!»
Gatte: «Du liebst ihn, stimmt's?»
Sie: «Jetzt mach aber einen Punkt! Der Mann ist Buchhalter und wird 64!»
Gatte: «Du hast ein Verhältnis mit ihm, hab ich recht?»
Sie: «Jetzt bist du völlig übergeschnappt!»
Gatte: «Ich und übergeschnappt! Meine Frau hat ein Verhältnis mit einem 64jährigen Buchhalter und erzählt mir, ich sei übergeschnappt!»

Anmerkung: Dieser Dialog wurde für einen eifersüchtigen Mann konzipiert, läßt sich aber ohne Schwierigkeiten für eine eifersüchtige Frau abändern.)

Die Goldene Regel der Eifersucht

Wenn Sie den Verdacht haben, daß Ihr Partner etwas tut, was Sie eifersüchtig machen könnte, warten Sie einen Augenblick. Überdenken Sie Ihre Vermutungen und stellen Sie sich die Frage: «Könnte ich auch so etwas tun?» Wenn Ihre Antwort positiv ausfällt, haben Sie jedes Recht, eifersüchtig zu werden – es ist ja nur logisch, wenn Sie Ihrem Partner etwas vorwerfen, dessen Sie sich selbst auch hätten schuldig machen können!

Alte Feuer schüren

Kein Thema gibt besseren Zunder für Ehekräche als die «Verflossenen». Fangen Sie damit an, daß Sie Ihren Partner ganz unschuldig fragen, wie seine/ihre früheren Geliebten aussahen, wie attraktiv und wie gut sie im Bett waren. Dann bringen Sie ihn/sie geschickt dazu, Vergleiche zwischen Ihnen und dem früheren Partner anzustellen. Zum Beispiel:

> *Er:* «Dieser Benno, mit dem du früher zusammen warst, wie groß war der eigentlich? So um die einsachtzig?»
> *Sie:* «Einszweiundachtzig.»
> *Er:* «Hmhm. Sieht ziemlich gut aus auf den Fotos, die du mir gezeigt hast.»
> *Sie:* «Mag sein.»
> *Er:* «Er war wohl auch ganz gut im Bett, was?»
> *Sie:* «Jaja, er war ganz gut.»
> *Er:* «Was heißt ‹ganz gut›?»
> *Sie:* «Na ja, Durchschnitt halt.»
> *Er:* «Bin ich auch ganz gut?»
> *Sie:* «Du bist okay.»
> *Er:* «Was meinst du mit ‹okay›? Benno ist ganz gut, und ich bin bloß ‹okay›? Immer wenn's gerade gut läuft zwischen uns, kommst du mit diesem Benno!»

Der Seitensprung

Während Ihrer Ehe werden Sie unzählige Male in die Versuchung geraten, sich in eine Affäre mit jemand aus Ihrem Freundes- oder Kollegenkreis oder einem/einer netten Unbekannten zu verstricken. Alles schön und gut, wenn Sie dabei nicht aus dem Auge verlieren, daß der Sinn eines Verhältnisses darin besteht, Ihrem Partner eins auszuwischen!

Daher ist es unbedingt notwendig, daß Ihr Partner hinter Ihr Verhältnis kommt – am besten, bevor Sie es überhaupt begonnen haben! Aber wie erreichen Sie das?

Nehmen wir an, Sie sind ein Mann. Sie haben kürzlich mit Ihrer Gattin eine Party besucht und dort mit einer Schönen geflirtet. Hinterher setzen Sie Ihre Angebetete erst mal herunter: «Eigenartig, diese Jutta! Von weitem sieht sie bezaubernd aus, aber aus der Nähe...!» Oder Sie tragen dick auf: «Ein Traumweib, diese Jutta! Ich könnte ihr in die Füße beißen!» Aufgrund Ihrer übertriebenen Ausdrucksweise wird Sie natürlich niemand ernst nehmen. Aber wenn Sie zunächst erklären, diese Frau sei eine taube Nuß, sich daran aber später nicht mehr erinnern und von ihr schwärmen: Dann wird Ihre Frau Verdacht schöpfen!

Nähren Sie diesen Verdacht! Kommen Sie drei oder vier Stunden später als gewöhnlich nach Hause und gebrauchen Sie faule Ausreden («Ich hatte eine Konferenz»; «Ich bin am Schreibtisch eingeschlafen»; «Ich wurde von einem UFO entführt»). Lassen Sie Fotos von sich und Ihrer Geliebten an Stellen liegen, wo sie mit Sicherheit gefunden werden. Lassen Sie Ihr Tagebuch offen liegen, in dem Sie Ihre Affäre in allen Einzelheiten festgehalten haben. Nennen Sie Ihre Frau wie zufällig beim falschen Namen. Früher oder später wird Ihre Frau Sie mit alldem konfrontieren. Wenn das geschieht, schlagen Sie die Hand vor die Stirn und fragen fassungslos: «Wie hast du das bloß rausgekriegt?»

Wie Sie merken, daß Ihr Partner Sie betrügt

Wenn Ihr Partner eine der folgenden Verhaltensweisen an den Tag legt, ist er/sie Ihnen mit Sicherheit untreu:

1. Er/sie kleidet sich, als wäre er/sie 15 Jahre jünger.
2. Er/sie zieht sich um, wenn er/sie den Müll runterbringt, und kommt erst zwei bis drei Stunden später zurück.
3. Er/sie gebraucht neue Ausdrücke im Bett, wie: «Komm, o mein Geliebter!»

Sex-Quiz

Welche der folgenden Aussagen über Sexualität sind richtig, und welche sind falsch?

1. Die Länge des männlichen Gliedes ist proportional zur Größe der Nase.

   ☐ RICHTIG ☐ FALSCH

2. Wenn Sie masturbieren, haben Sie beim nächstenmal keinen Orgasmus.

   ☐ RICHTIG ☐ FALSCH

3. Wenn Sie nicht zweimal hintereinander können, können Sie nie mehr.

   ☐ RICHTIG ☐ FALSCH

4. Vorspiel ist Zeitverschwendung.

   ☐ RICHTIG ☐ FALSCH

5. Wenn Sie Ihren Partner wirklich lieben, zieht er/sie Sie Tag und Nacht physisch an.

   ☐ RICHTIG ☐ FALSCH

6. Wenn Ihr Partner Lust hat, Sie jedoch nicht, sind Sie nicht normal.

☐ RICHTIG ☐ FALSCH

7. Jeder Mensch ist im Lauf seines Lebens nur zu einer bestimmten Zahl von Orgasmen fähig. Sind sie verbraucht, ist's vorbei.

☐ RICHTIG ☐ FALSCH

Antworten:

1. Falsch. Die Größe der Füße ist maßgebend.
2. Richtig. Das ist sogar noch Wochen später der Fall.
3. Falsch. Dreimal ist die entscheidende Zahl.
4. Richtig. Entweder sie will, oder sie will nicht.
5. Richtig. Wechselnde Anziehung deutet darauf hin, daß Sie sich nach Ersatz umschauen sollten.
6. Richtig. Normale Frauen und Männer wollen immer.
7. Richtig. Männer haben 2893, Frauen 38.

GELD ALS WAFFE IN DER EHE

Vom Umgang mit Geld

Geld ist eines der fruchtbarsten Felder, auf die man die Samen ehelichen Zwistes säen kann. So wie das internationale Währungssystem früher auf dem Goldstandard beruhte, so hat auch das eheliche Währungssystem einen Standard, bekannt unter dem Namen Doppelstandard. In einfachen Worten: Der Doppelstandard erlaubt es Ihnen, zwischen Ihrer Art des Umgangs mit Geld und der Ihres Partners zu unterscheiden. Aber zunächst wollen wir herausfinden, wieviel Sie bereits über den Gebrauch des Doppelstandards im ehelichen Währungssystem wissen!

Quiz zum Doppelstandard

Stellen Sie fest, ob der Ehepartner in den folgenden Fällen a) sparsam oder b) verschwenderisch mit Geld umgeht:

1. Ihr Partner kauft sich eine Rolex.
   Er/sie ist __________.
2. Ihr Partner kauft Ihnen eine Rolex als Geburtstagsgeschenk. Er/sie ist __________.

3. Alle Ihre Geschäftsfreunde fahren im Winter nach St. Moritz zum Skilaufen. Sie fürchten, daß alle denken, Sie sind knapp bei Kasse, wenn Sie nicht fahren. Man könnte glauben, Ihre Geschäfte gingen schlecht, und gibt Ihnen keine Aufträge mehr. Nach kurzer Zeit sind Sie bankrott. Es ist also unumgänglich, daß Sie nach St. Moritz fahren, und sei es, um den Schein zu wahren. Sie verhalten sich ________.
4. Ihr Partner rechnet nach und erklärt, Sie würden finanziell prächtig dastehen, wenn Sie nicht fahren. Ihr Partner ist ________.

Antworten:
1. verschwenderisch
2. sparsam
3. sparsam
4. ein Spielverderber

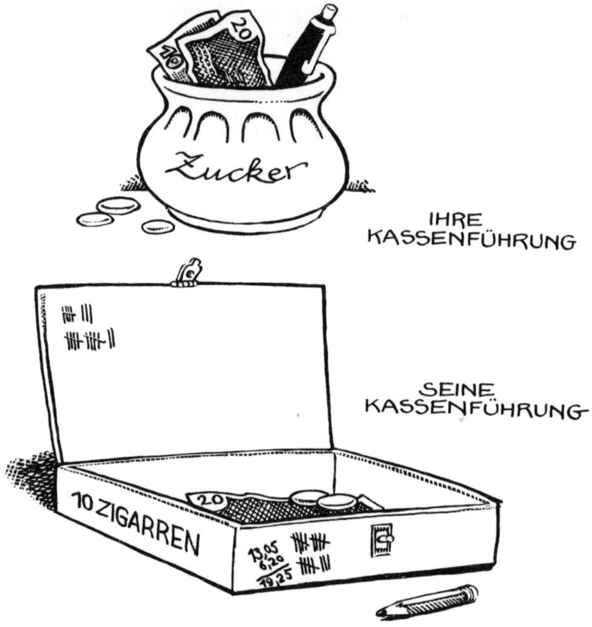

Die finanzielle Zukunftsplanung

In jeder Ehe taucht die Frage auf, wer über Ausgaben und Investitionen entscheidet (falls etwas zum Investieren übrigbleibt). Aber daß die Planung der finanziellen Zukunft absolut unumgänglich ist – darüber sind sich wohl die meisten Paare einig.
Hier sind ein paar praktische Hinweise zu diesem Thema:

1. Wenn Sie heiraten, schaffen Sie Geschirr, Besteck etc. doppelt an, damit jeder im Fall einer Trennung komplett ausgestattet ist.
2. Kennzeichnen Sie alles, was Ihnen gehört (Bücher, Schallplatten etc.) gut sichtbar mit Ihrem vollen Namen, damit es im Fall einer Scheidung keine Auseinandersetzungen gibt.
3. Richten Sie sowohl ein gemeinsames als auch ein eigenes Konto ein (letzteres mit einem net-

ten kleinen Guthaben). Begleichen Sie alle Rechnungen vom gemeinsamen Konto.

4. Bestehen Sie darauf, daß Ihr Partner seine Art der Buchführung aufgibt und Ihre übernimmt. Wenn Sie diesen Kampf gewonnen haben,
5. drängen Sie darauf, daß Sie getrennte Steuererklärungen abgeben, auch wenn Sie damit höhere Steuern zahlen. Was geht es Ihren Partner an, wieviel Sie wert sind?
6. Regeln Sie möglichst vor der Eheschließung vertraglich, wer im Fall einer Scheidung wieviel bekommt. Das enthebt Sie u. U. gänzlich der Notwendigkeit, überhaupt eine gemeinsame Zukunft zu planen.

Wem gehört das Geld?

In vielen Ehen bringt ein Partner mehr mit als der andere – weil er geerbt hat, weil er aus einer Scheidung Gewinn gezogen hat oder weil er einen besser bezahlten Job hat.

Wenn Sie der begütertere Teil sind:
Sie ermöglichen Ihrem Partner einen Lebensstil, den er sich ohne Sie nicht erlauben könnte. Sollte Ihr Partner also jemals zu Geld kommen, können Sie davon ausgehen, daß es Ihnen gehört – es steht Ihnen als Ausgleich für das zu, was Sie in Ihren Partner investiert haben. Nehmen wir z. B. an, Sie haben eine Steuerschuld von 3000 DM. Zufällig erbt, gewinnt oder verdient Ihr Partner die unerwartete Summe von 3000 DM. Selbstverständlich dürfen Sie von Ihrem Partner erwarten, daß er Ihnen dieses Geld vollständig zur Bezahlung Ihrer Schulden zur Verfügung stellt. Sie haben ihn/sie

schließlich so lange unterstützt, daß Ihnen dieses Geld jetzt zusteht.
Kommt Ihr Partner jemals aus Ihrer Schuld? Aber ja! Es gibt zwei Möglichkeiten: 1. Indem er/sie mehr als die Hälfte Ihres gemeinsamen Besitzes kauft, oder 2. indem er/sie Sie finanziell ruiniert und Sie damit völlig von sich abhängig macht.

Wenn Sie der ärmere Teil sind
Ihr monatliches Einkommen ist so dürftig im Vergleich mit dem Ihres Partners, daß Sie nur unerheblich zu den enormen Gesamtausgaben beitragen. Aber natürlich können Sie geltend machen, daß zwei so billig leben können wie einer, daß Ihr Partner die zusätzlichen Kosten also auch dann aufwenden würde, wenn er allein lebte.
Aber eines Tages holen Sie auf. Sie verdienen zum ersten Mal eine größere Summe Geld und kaufen sich einen Sportwagen. Ihr Partner gerät völlig aus dem Häuschen. Sie werden sauer und erklären, daß dies ihr Geld ist und Sie es verdammt noch mal ausgeben können wofür Sie wollen.

O'Malleys Gesetz

Der reiche Partner glaubt immer, daß ihm alles Geld des ärmeren zusteht.

Greenburgs Folgerung

Der ärmere Partner erwartet immer, daß der reichere für ihn sorgt.

Wem gehört das Haus? Ein Spiel für zwei Personen

In diesem Spiel gibt es zwei Positionen: den Besitzenden und den Habenichts. Wenn Sie der Besitzende sind, wird es Ihr Ziel sein, Ihren Besitz zu behalten. Wenn Sie der Habenichts sind, werden Sie den Besitzenden dazu zu bringen versuchen, Ihnen die Hälfte seines Besitzes schriftlich zu übereignen, z. B. das Haus, daß er/sie bereits vor der Ehe besaß und in dem Sie nun gemeinsam leben.

Habenichts: «Du verdienst so viel Geld, und ich habe nichts!»
Besitzender: «Das ist doch Unsinn! Alles, was ich habe, gehört auch dir!»
Habenichts: «Auch das Haus?»
Besitzender: «Nun ja, ich hab's bezahlt. Aber es gehört dir natürlich genauso!»
Habenichts: «Aber nicht richtig! Ich habe nichts Schriftliches darüber. Warum setzten wir nicht etwas auf, wo drinsteht, daß es zur Hälfte mir gehört?»
Besitzender: «Das ist nicht fair! Es gehört doch uns beiden!»
Habenichts: «Wenn du mir das nicht schriftlich gibst, ist es eine Lüge. Und ich will nicht mit einer Lüge leben!»
Besitzender: «Begreif doch, solange wir verheiratet sind, gehört es dir ebenso wie mir!»
Habenichts: «Ach, so ist das! Du planst also bereits für eine Zeit, in der wir nicht mehr verheiratet sind! Hast du vor, mich zu verlassen?»
Besitzender: «Ich dich verlassen? Der einzige Grund, weshalb du etwas Schriftliches willst, ist doch wohl eher, daß du mich verlassen willst!»

Habenichts: «Vor dieser Diskussion hatte ich das nicht vor!»
Besitzender: «Was soll das heißen?»
Habenichts: «Jetzt sehe ich dich endlich so, wie du wirklich bist!»

Mein Geld – Dein Geld – Unser Geld

In den meisten Ehen sind die Finanzen jedoch kein simples Arm-gegen-Reich-Spiel. Immer mehr Ehepartner verdienen annähernd gleich viel Geld und müssen kompliziertere Formeln anwenden, um Einkommen und Ausgaben gerecht zu verteilen. Ein ziemlich populäres Verfahren empfiehlt die Aufteilung von Einnahmen und Ausgaben in drei Kategorien: «*Mein* Geld», «*Dein* Geld» und «*Unser* Geld».

Kategorie 1: «Mein Geld», das ist Ihr Geld, im Gegensatz zu dem Ihres Partners. «Das ist mein Geld. Ich habe es verdient. Es gehört mir!» Selbstverständlich sollte alles, was Sie verdienen, unter die Kategorie «Mein Geld» fallen. Jedoch sollten Sie fairerweise auch Ihre persönlichen Ausgaben davon bestreiten. Für Männer: Zigarren, Schuhcreme, Schnurrbartwachs, Toupets etc. Für Frauen: Friseur, Schaumbad, Enthaarungscreme etc.
Kategorie 2: «Dein Geld» ist das Geld, das Ihrem Partner gehört. Alles, was er/sie verdient, gehört natürlich ihm/ihr. Und wie Sie wird Ihr Partner seine persönlichen Ausgaben von diesem Geld bestreiten. Dazu gehören: Einkäufe, Telefonrechnung, Strom, Gas, Miete, Versicherungen, Autoreparaturen etc.
Kategorie 3: «Unser Geld» ist alles, was übrigbleibt, wenn Ihr Partner seine Ausgaben von seinem Einkommen abgezogen hat.

Das lebenslange Konto

Führen Sie lebenslang Buch über alles, was Sie und Ihr Partner sich gegenseitig geschenkt haben, mit Wertangaben in D-Mark, die Sie der Inflationsrate anpassen. So können Sie Ihren Partner jederzeit darüber informieren, wieviel er/sie Ihnen gerade schuldet.

Testproblem: Kochen oder Essen im Restaurant?

Das Problem:
Ihr Ehemann steht auf dem Standpunkt, daß ein Essen in einem netten Restaurant (ENR) auf seine Kosten so viel wert ist wie 34 Mahlzeiten, die Sie zu Hause kochen (ZHK). Oder, als Formel ausgedrückt:

$$1 \text{ ENR} = 34 \text{ ZHK}$$

Nun bezahlt Ihr Ehemann eine Woche Kurzurlaub auf Mallorca. Angenommen, er setzt eine Woche Mallorca (WM) mit 617 Essen in einem netten Restaurant (ENR) gleich, wie oft müssen Sie dann zu Hause kochen (ZHK), bis Sie Ihre Schulden für den Urlaub beglichen haben?

Die Lösung:
Sie müssen 20978 Mal zu Hause kochen, was unmöglich ist, wenn Sie älter als 15 Jahre sind.

Ein noch ergiebigeres Thema für eheliche Auseinandersetzungen ist das Renovieren der Wohnung oder des Hauses. Im folgenden Quiz können Sie herausfinden, ob es auf diesem Gebiet etwas für Sie zu holen gibt.

NR.	DATUM	LEISTUNG	GUTHABEN	MEINE SCHULDEN	SCHULDEN DES PARTNERS
9491	12.12	Weihnachtsgeschenke für Partner gek.	210,-		901.647,30 + 210,-
9492	13.12.	Kinokarten bezahlt	24,-		901.857,30 + 24,-
9493	16.12.	Allein abgewaschen	15,-		901.881,30 + 15,-
9494	16.12.	Wollte keinen Sex		7,50	901.896,30 - 7,50
9495	17.12.- 20.12.	Partner wg. grippe gepflegt	523,50		901.888,80 + 523,50
9496	21.12.	Bei Weihn.feier m. Koll. geflirtet		27,50	902.412,30 - 27,50
9497	25.12.	Weihnachtsessen gekocht	250,-		902.384,80 + 250,-
9498	1.1.	Muffig wg. Kater		3,20	902.634,80 - 3,20
					902.631,60

AUSSCHNITT AUS EINEM «LEBENSLANGEN KONTO»

Das Renovierungs-Quiz

Sie und Ihr Partner überlegen, ob Sie Ihre Wohnung renovieren sollten. Sie verfügen aber nur über eine begrenzte Summe. Stellen Sie anhand der folgenden Liste fest, was Sie tun würden bzw. was Ihr Partner vorhat. Die Auflösung verrät Ihnen, was in Ihrem speziellen Fall zu machen ist.

1. Das Sofa im Wohnzimmer sieht reichlich ramponiert aus. Würden Sie es
   a) neu beziehen oder
   b) eine Decke darüberlegen?

2. Der Kühlschrank tut's noch, aber es ist wirklich nicht das allerneueste Modell. Würden Sie
   a) einen neuen Kühlschrank mit allen Schikanen kaufen oder
   b) den alten Kühlschrank mit Rallyestreifen dekorieren und eine neue Eiswürfelschale kaufen?

3. Die Fußböden sehen scheußlich aus. Würden Sie
   a) neues Parkett legen lassen oder
   b) Linoleum legen lassen?

4. Ihre Toilette ist noch in Ordnung, sieht aber etwas abgewetzt aus. Würden Sie
   a) eine neue Toilette in einer Trendfarbe kaufen oder
   b) die alte behalten, jedoch einen Plüschüberzug für den Toilettendeckel erwerben?

5. Ihr Garten ist groß genug für einen Swimmingpool, und Sie wollten beide schon immer einen haben. Würden Sie

a) einen Riesenpool mit Sprungbrett bauen oder
b) ein aufblasbares Plastik-Planschbecken kaufen?

Lösung:
Wenn Sie und Ihr Partner überwiegend a) bejaht haben, besitzen Sie den gleichen Geschmack, und die Renovierung wird Sie beide zufriedenstellen, aber auch recht kostspielig werden. Wenn Sie beide überwiegend b) bejaht haben, dann dürfen Sie noch einmal entscheiden: Entweder verzichten Sie auf die Renovierung, oder Sie verzichten auf die Fortsetzung Ihrer Ehe.

Multiple-Choice-Test zum Möbelkauf

Sie sind mit Ihrem Mann auf der Suche nach einem neuen Sofa. Sie selbst haben einen eher konservativen Geschmack und bevorzugen Antiquitäten. Ihr Mann entdeckt eine hypermoderne italienische Couch, die Sie abscheulich finden. Ihr Mann erklärt, er will sie kaufen. Sollten Sie:

a) Ihren Mann davon überzeugen, daß die Couch überhaupt nicht mit Ihrer übrigen Einrichtung harmoniert?
b) Behaupten, daß Ihnen das Stück an sich gefällt, jedoch nicht ganz Ihren Vorstellungen entspricht, und ihn davon überzeugen, daß Sie bestimmt noch etwas finden, auf das Sie sich beide einigen können?
c) In Tränen ausbrechen?

Antwort: Natürlich c) !

Der Geld-Test

Frage:
Welches ist die optimale Summe, die Sie und Ihr Partner im Jahr verdienen sollten, um glücklich verheiratet zu sein?

1. 30 000 DM
2. 50 000 DM
3. 500 000 DM
4. 1 000 000 DM, steuerfrei

Antwort:
Woher nehmen Sie den Glauben, daß Sie jemals glücklich verheiratet sein werden?

DER STREIT ALS WAFFE IN DER EHE

Warum streiten?

Geben Sie es doch zu – Ihre Ehe hat sich ganz und gar nicht so entwickelt, wie Sie es hätte tun sollen – nach allem, was Sie aus Schlagern und Filmen wissen. Nun, da läßt sich nichts machen! Sie haben eben mal wieder den Kürzeren gezogen. Damit müssen Sie sich wohl abfinden. Vermutlich haben Sie auch gar nichts Besseres verdient! Um Ihrer Enttäuschung Ausdruck zu verleihen, könnten Sie jedoch immerhin einen Streit* mit Ihrem Partner anfangen. Ein Streit ist zudem eine ausgezeichnete Gelegenheit, Ärger und Wut loszuwerden, den Sie jemand anderem gegenüber hegen, dem Sie es aber nicht zeigen können, wie z. B. Ihrem Chef.

Auf den folgenden Seiten können Sie sich mit dem ABC des Ehestreits, inclusive Vokabular, Aussprache, Syntax und Stil, vertraut machen – mit einem Wort: dem Handwerkszeug, das Sie benötigen, um sich Ihren Partner dauerhaft vom Leib zu halten.

* Es sei ausdrücklich darauf hingewiesen, daß andere Ehepaare niemals Streit haben! Wenn aber doch, ist es auf keinen Fall so gemein und häßlich wie zwischen Ihnen und Ihrem Partner. Deshalb darf niemand auf der Welt davon erfahren, daß Sie sich streiten oder daß Ihre Ehe alles andere als ideal ist!

Wo streiten?

Warum sollten Sie etwas so Wichtiges wie einen Streit bagatellisieren, indem Sie sich irgendwann, irgendwo streiten? Teure französische Restaurants sind ideale Schauplätze für eine Auseinandersetzung zwischen Ehepartnern. Tränen, die auf Austern fallen, sind einfach wirkungsvoller als solche, die man zu Hause über Spiegeleiern vergießt! Und nach einer häßlichen Szene in der Öffentlichkeit haben Sie die zusätzliche Genugtuung, ein exquisites Menü im Wert von einigen hundert Mark zurückzulassen, wenn Sie wutschnaubend aufstehen und erhobenen Hauptes das Restaurant verlassen!
Sollten Sie sich kein teures französisches Restaurant leisten können, wäre z. B. die Wohnung Ihrer Schwiegereltern eine annehmbare Alternative.

Wann streiten?

Wann ist der beste Zeitpunkt für einen Streit? Die Antwort lautet: Immer! Streiten Sie sich, wenn Ihr Partner sich rasiert, arbeitet, die Kontoauszüge kontrolliert oder gerade einschläft. Aber um möglichst viel Gewinn aus einem Streit zu ziehen, richten Sie es

am besten so ein, daß es an einem besonderen Tag wie Weihnachten, Silvester oder an Ihrem letzten Urlaubstag zu einer Szene kommt.

Fünf Regeln für den Streitfall

Wie emotional die Auseinandersetzung mit Ihrem Partner auch immer sein mag – mit Rücksicht auf die Art Ihrer Beziehung sollten Sie unbedingt immer fünf Regeln beherzigen:

1. *Reden Sie vernünftig miteinander.*
2. *Erkennen Sie die Erfahrung Ihres Partners an.*
3. *Erkennen Sie den Wert Ihres Partners an.*
4. *Weisen Sie Ihren Partner auf Ihren eigenen Wert hin.*
5. *Geben Sie Ihrem Partner Gelegenheit für Erklärungen.*

1. *Reden Sie vernünftig mit Ihrem Partner:*
   «Sag mir einen vernünftigen Grund, weshalb ich dir zuhören sollte!»

2. *Erkennen Sie die Erfahrung Ihres Partners an:*
   «Na, was ist? Du bist doch der Experte!»

3. *Erkennen Sie den Wert Ihres Partners an:*
   «Entschuldige, daß ich nicht so perfekt bin wie du!»

4. *Weisen Sie auf Ihren eigenen Wert hin:*
   «Wenn ich tot und begraben bin, wirst du feststellen, daß ich doch nicht so übel war!»

5. *Geben Sie Ihrem Partner Gelegenheit für Erklärungen:*

«Willst du mich mit Absicht verletzen, oder bist du bloß der rücksichtsloseste Mensch auf der Welt?»

Wenn Sie mit diesen Regeln vertraut sind, wird es Zeit, daß Sie das Vokabular für den Streit erlernen!

Die wichtigsten Vokabeln für einen gelungenen Streit

Erst die präzise Wortwahl macht aus einer ehelichen Unstimmigkeit einen wirklichen Streit. Hier sind die gebräuchlichsten Ausdrücke für derartige Fälle mit Aussprachehilfe:

1. gəfü:lstrottl
2. gəfü:lskrüppl

3. gəfü:lsbankrottö:r
4. nartsistischəs kint
5. säksistischəs schwain
6. masku:linə häksə
7. lächərlichər matscho
8. schainhailigə Schlampə
9. gaitsigər bastart
10. karaktərschwain
11. närfənsägə
12. e:kligəs bi:st
13. noto:rischər lü:gner

Üben Sie diese Vokabeln am besten laut, wenn Sie allein sind! Sobald Sie sie im Schlaf beherrschen, dürfen Sie zum nächsten Abschnitt übergehen. Er bietet Ihnen eine Anzahl kompletter Sätze, die Sie im Fall einer Auseinandersetzung erfolgreich anwenden können.

Alphabetisches Lexikon der wichtigsten Sätze nach Stichworten

Autobiographie: «Ich habe dir die besten Jahre meines Lebens geopfert – und wofür?»
Begabung: «Du bist wirklich ein guter Schauspieler!»
Bergbau: «Ich wußte gar nicht, daß du so tiefschürfend sein kannst!»
Entschuldigung: «Entschuldige, daß ich geboren bin!»
Gedächtnis: «Wer, glaubst du eigentlich, bist du?»
Handel: «Das kaufe ich dir nicht ab!»
Haltbarkeit: «Du verdirbst wirklich alles!»
Gehör: «Sprich doch lauter, in Amerika hört dich keiner!»
Journalismus: «Das ist für mich kein Thema!»
Kleidung: «Den Schuh ziehe ich mir nicht an!»
Krankheit: «Du machst mich krank!» (*Fortgeschrittene Krankheit* «Der bloße Gedanke, noch eine einzige Nacht mit dir unter einem Dach zu verbringen, macht mich krank!»)
Mut: «Du hast ja doch nicht den Mut, mich zu verlassen!»
Naturschutz: «Wende ruhig Gewalt an! Davon versteht ein Tier wie du ja doch am meisten!»
Optik: «Ich sehe dich zum ersten Mal so, wie du wirklich bist!»
Sport: «Schmeiß doch mit Tellern, wenn du glaubst, daß es dir hilft!»
Sprachbarriere: «Was ist los, verstehst du kein Deutsch?»

Stammbaum: «Es ist deine Mutter, nicht meine!»
Tanz: «Du kommst einfach hier angetanzt und glaubst, alles gehört dir!»

Alles über Stil und Satzbau

Alles, was Sie während eines Streites sagen, wird mehr Schwung haben, wenn Sie einen melodramatischen Stil und einen altertümlichen Satzbau benutzen. Eine Feststellung wie: «Es tut mir leid, daß ich dich überhaupt kennengelernt habe!» ist gewiß wirkungsvoll, aber wieviel beeindruckender ist die gleiche Aussage in folgender Formulierung: «Ich verwünsche den Tag, an dem ich dich traf!» Ihren Partner einen «Knilch» oder «Versager» zu nennen, klingt fade, verglichen mit einem so prachtvollen Ausdruck wie «Halunke»! Die Bemerkung, Ihr Partner habe etwas «Gemeines» getan, verblaßt völlig neben so farbigen Adjektiven wie «ruchlos» oder «heimtückisch»! Die Frage, ob Ihr Partner wohl Zeit für ein Gespräch habe, nimmt sich schal aus im Vergleich mit der Formulierung, ob er/sie wohl geruhen möge, Sie mit der Gunst seiner/ihrer Aufmerksamkeit zu beehren.
Aber genug davon! Aussprache, Wortwahl, Stil * und Syntax sitzen – auf in den Kampf!

* *Anmerkung:* Weitere Anregungen zum Stil finden Sie auf Seite 47.

Wie man jederzeit einen Streit beginnt

Ein Streit-Experte sollte in der Lage sein, jederzeit und überall einen Streit über ein beliebiges Thema vom Zaun zu brechen. Dies ist eine Fähigkeit, die auch Sie mit etwas Geduld erwerben können.

Sehen Sie zum Beispiel, was man mit einer unschuldigen Bemerkung über das Wetter alles erreichen kann:

Beispiel A:
Partner: «Schöner Tag heute!»
Sie: «So? Was ist denn so schön daran?»

Beispiel B:
Partner: «Ist es dir auch warm genug?»
Sie: «Wieso? Soll das heißen, daß es für mich wärmer sein muß als für andere Menschen?»

Beispiel C:
Partner: «Wir könnten wirklich Regen gebrauchen!»
Sie: «Wir könnten alles Mögliche gebrauchen!»

Wie aus einem banalen Gespräch ein Streit von befriedigender Dauer wird

An jedem beliebigen Punkt eines im übrigen faden Gesprächs können Sie die folgenden, garantiert provozierenden Fragen stellen:

1. «Mit anderen Worten, du findest mich nicht wirklich weiblich/männlich?» (Wählen Sie aus!)
2. «Wenn ich dich richtig verstehe, meinst du, ich sei nicht gut im Bett?»
3. «Willst du damit sagen, ich sei feige?»
4. «Du willst also darauf hinaus, daß du ihn/sie attraktiver findest als mich!»

Testproblem: Gemeinsam kochen

Ihr Ehemann weigert sich beharrlich, Ihnen im Haushalt zu helfen. Nach mehreren heftigen Auseinandersetzungen hat er geschworen, Sie ab sofort in der Küche zu unterstützen.
Er lädt seinen Chef und ein paar Kollegen zum Abendessen ein, hat aber, wie gewöhnlich, noch etwas zu erledigen, als es Zeit wird, mit den Vorbereitungen zu beginnen.

Sollten Sie:
a) Allein anfangen und Ihren Mann um Hilfe bitten, sobald er nach Hause kommt?
b) Warten, bis er Zeit hat, Ihnen zu helfen?

Antwort:
Beide Möglichkeiten sind gleich gut geeignet. Sie müssen nur konsequent sein. Sehen Sie selbst:

Möglichkeit A:
Beginnen Sie mit den Vorbereitungen, kochend vor Wut darüber, was für ein Lügner, Heuchler und opportunistisches, chauvinistisches Schwein Ihr Gatte ist. Auch wenn er nach Hause kommt, erinnern Sie ihn nicht an sein Versprechen. Während des Essens sprechen Sie ihn nicht direkt an, sondern bedienen Sie sich der Gäste – am besten seines Chefs: «Herr Kramer, würden Sie bitte meinen Mann fragen, ob es zuviel verlangt wäre, mir die Butter zu reichen?»

Möglichkeit B:
Sie wissen, daß Ihr Mann niemals rechtzeitig zu Hause sein wird, um sein Teil zu tun. Wenn die Gäste am Tisch sitzen und Ihr Mann fragt: «Schatz, wo bleibt das Essen?», erklären Sie überrascht, daß Sie ihm gerade dieselbe Frage stellen wollten. Pfeifen Sie auf den Chef und die übrigen Gäste – dies

ist eine Lektion, die Ihr Mann ganz bestimmt nicht vergessen wird!
Auch Ihnen sollte diese Situation immer im Gedächtnis bleiben. Nehmen Sie sie in Ihre wertvolle Sammlung von Vorwürfen gegen Ihren Partner auf!

Wie Sie Vorwürfe sammeln

Legen Sie unbedingt eine Liste mit Vorwürfen an – Dinge, die Ihr Partner gesagt oder getan oder unterlassen hat, und aktualisieren Sie diese Sammlung ständig. Sie ist das Rohmaterial, das Sie für wirklich ergiebige Auseinandersetzungen benötigen! Im Lauf der Zeit können Sie mit ihrer Hilfe für alles Rache nehmen, was Ihr Partner Ihnen jemals angetan hat.

Vorwürfe kann man sammeln wie Briefmarken oder Schmetterlinge. Sie werden schnell einen Blick für die wirklich wertvollen Exemplare bekommen, und Ihre Sammlung wird bald den Neid Ihrer sämtlichen Freunde erregen! «Aber», werden Sie jetzt vielleicht einwenden, «wo soll ich anfangen? Mein Partner ist ein wunderbarer Mensch, und mir fällt absolut nichts Nachteiliges ein!» Nun seien Sie nicht so fantasielos! Wie wäre es, wenn Sie mit einer Liste von Dingen beginnen, die Sie nicht mehr tun können, weil Sie verheiratet sind?

Z. B. mit Ihren Kumpels durch die Kneipen ziehen oder mit aufregenden Männern flirten? Sehen Sie, es ist doch gar nicht so schwer!

Hier sind noch einige Vorschläge für Anfänger, mit denen Sie sich einstimmen können:

1. Er macht nie das Waschbecken sauber, wenn er sich rasiert hat.
2. Sie schnarcht und behauptet steif und fest, sie tut's nicht.
3. Er schraubt die Zahnpastatube nie zu.
4. Immer hängen ihre Strümpfe zum Trocknen auf der Heizung.
5. Er weigert sich beharrlich, den Umgang mit Waschmaschine und Spülmaschine zu lernen, weil er findet, der Haushalt sei meine Angelegenheit.

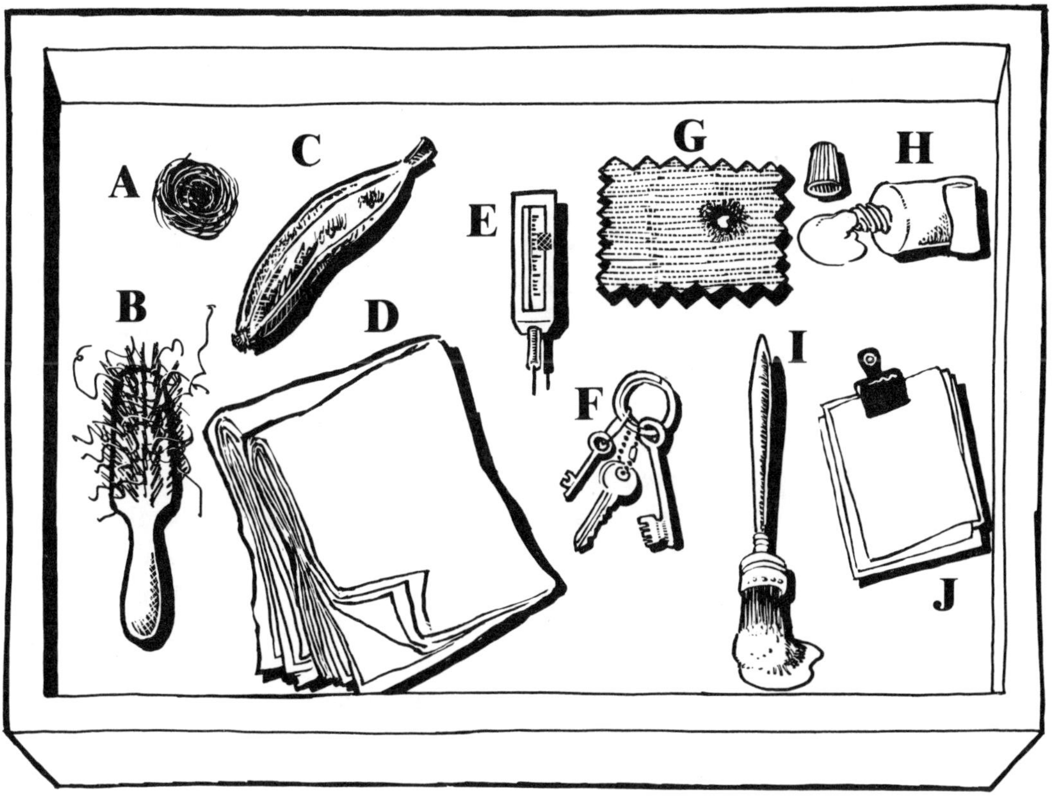

SCHAUKASTEN: BEISPIEL EINER SAMMLUNG VON VORWÜRFEN

A. Haare des Partners, im Badewannenabfluß gefunden. **B.** Haare des Partners an Ihrer Bürste. **C.** Braune Banane, vom Partner angebissen liegengelassen. **D.** Zeitung, vom Partner gelesen. **E.** Heizungsthermostat, vom Partner immer falsch reguliert. **F.** Wohnungsschlüssel, vom Partner nicht mitgenommen, obwohl er / sie wußte, daß Sie nicht zu Hause sind. **G.** Teilansicht des Wohnzimmerteppichs mit Brandloch von der Zigarette des Partners. **H.** Zahnpastatube, vom Partner nicht zugeschraubt. **I.** Lackpinsel, steinhart, weil vom Partner nach Gebrauch nicht gereinigt. **J.** Stapel Mahnungen, weil Partner Rechnungen nie pünktlich bezahlt.

6. Nie ist sie rechtzeitig fertig, wenn wir abends ausgehen.
7. Nie deckt er Wurst und Käse zu, wenn er sie in den Kühlschrank stellt, und alles vertrocknet.
8. Immer läßt sie ihren Regenmantel zu Hause, und wenn es dann regnet, borgt sie sich meinen aus, mit dem Ergebnis, daß ich mich erkälte.
9. Immer will er als erster meine neuen Bücher und Zeitschriften lesen.
10. Sie sagt mir nie, wo ich was im Haushalt finde, und wenn ich sie zehnmal frage. Ich glaube, sie versteckt alles.
11. Ständig fragt er mich, wo er was im Haushalt findet. Er macht nicht einmal den Versuch, selber nachzusehen, bevor er mich fragt. Er benimmt sich wie ein Prinz, den ich hinten und vorne bedienen muß.
12. Sie erwartet von mir, daß ich ihr im Haushalt helfe, auch wenn ich einen harten Arbeitstag hinter mir habe und sie den ganzen Tag nichts anderes getan hat als sich auszuruhen und ein bißchen Staubzuwischen.
13. Er fragt mich immer nach meiner Meinung und ärgert sich, wenn ich sie äußere.

Haben Sie begriffen, worum es geht? Hervorragend! Dann können wir gleich zu einer raffinierteren Spielart übergehen: den absurden Vorwürfen.

Absurde Vorwürfe

Nicht alle Vorwürfe Ihrem Partner gegenüber müssen unbedingt vernünftig sein. Es ist z. B. völlig in Ordnung, wenn Sie ihn/sie für Dinge zur Rechenschaft ziehen, die lediglich in Ihrer Vorstellung existieren.
Ebenso richtig ist es, ihn/sie für Dinge zur Rechenschaft zu ziehen, die einmal irgendwann in der Zukunft passieren könnten.

Sie: «Schatz?»
Partner: «Ja, Liebling?»
Sie: «Wenn ich im Krankenhaus läge, würdest du mich dann im Stich lassen?»
Partner: «Natürlich nicht! Was für eine dumme Frage!»
Sie: «Ich meine, wenn ich wirklich krank wäre. Stell dir vor, ich würde bei einem Unfall ein paar Zehen verlieren. Würdest du mich dann verlassen?»
Partner: «Ein paar Zehen? Natürlich nicht! Was soll die Frage überhaupt?»
Sie: «Was wäre, wenn ich Arme und Beine verlöre und mein Gesicht nicht wiederzuerkennen wäre? Würdest du mich dann verlassen?»
(Pause)
Partner: «Hm… puh, also… Wir werden sehen. Ich meine, ich wäre sicher nicht in der Lage…»
Sie: «Ich wußte es! Du hast mich nie geliebt! Dir ist jede Gelegenheit recht, mich zu verlassen!»

SCHAUKASTEN:
BEISPIEL EINER SAMMLUNG ABSURDER VORWÜRFE

A. Schlüssel des Sportwagens, den Sie verkaufen mußten, als das erste Kind kam, obwohl Sie eigentlich noch gar keine Kinder wollten. **B.** Liebesbrief des/derjenigen, den/die sie zugunsten Ihres jetzigen Partners aufgegeben haben, obwohl er/sie viel besser zu Ihnen gepaßt hätte. **C.** Kalenderblatt, auf dem die Tage markiert sind, an denen Ihr Partner unaufmerksam zu Ihnen war. **D.** Reiseprospekte mit Angeboten, die Sie sich leisten könnten, wenn Sie nicht verheiratet wären. **E.** Musikinstument, das Sie seit Ihrer Eheschließung nicht mehr gespielt haben, da Ihr Partner sich dadurch gestört fühlt. **F.** Karten für das letzte Theaterstück, das Sie gemeinsam besucht haben.

Noch mehr absurde Vorwürfe

Hier finden Sie noch eine Reihe weiterer absurder Vorwürfe, die sich, wiewohl an den Haaren herbeigezogen, womöglich bereits in Ihrer Sammlung befinden:

1. Die Größe Ihres Partners.
2. Die Fähigkeit (oder Unfähigkeit) Ihres Partners, abends einzuschlafen.
3. Das Sternzeichen Ihres Partners.
4. Daß Ihr Partner die Toilettenpapierrolle immer verkehrt herum aufhängt.
5. Daß Ihr Partner Liebhaber/Geliebte hatte, bevor Sie sich kennenlernten.
6. Daß Ihr Partner wieder heiraten könnte, wenn Sie zuerst sterben.

Aber nun wollen wir einmal sehen, was Sie bis jetzt gelernt haben! Für den folgenden Test haben Sie 30 Sekunden Zeit.

Was fehlt?

Bitte ergänzen Sie die folgenden Sätze:

1. «Wie kannst du es wagen ____________?»
2. «Genau, mach nur weiter so und ____________!»
3. «Was bildest du dir eigentlich ein, du ____________?»

4. «Wie konnte ich bloß glauben,
daß du ____________!»

5. «Warum bist du nur immer so
verdammt ____________?»

6. «Nach allem, was ich für dich getan habe,
verdiene ich wirklich ____________!»

7. «Während unserer ganzen Diskussion hast du
noch kein einziges Mal gesagt,
daß du ____________!»

8. «Von dir höre ich zum ersten Mal im Leben,
daß ich ____________!»

9. «Jetzt weiß ich,
daß unsere Beziehung ____________!»

10. «Ist es zuviel verlangt,
dich zu bitten ____________?»

11. «Ich würde mein ganzes Geld geben,
damit du ____________!»

12. «Das ist jetzt das letzte Mal,
daß ich ____________!»

13. «Dir ist es wohl noch nie passiert,
daß du ____________?»

14. «Du glaubst wohl, du kannst dir
alles ____________!»

15. «Jetzt sehe ich, wie blöde ich war,
als ich ____________!»

16. «Du kannst mich mal ____________!»

17. «Die besten Jahre meines Lebens
habe ich ____________!»

18. «Wenn du nicht wärst, dann könnte ich ___________!»

19. «Wenn du noch ein Mal sagst, daß du ___________!»

20. «Wenn du nur mal so lange den Mund halten könntest, bis ich ___________!»

21. «Wie oft habe ich dir schon gesagt, daß du ___________!»

22. «Wenn ich dir nicht schon so viel Zeit geopfert hätte, würde ich ___________!»

23. «Wenn mir früher jemand gesagt hatte, daß ich ___________!»

24. «Wenn du noch einen Funken Anstand im Leib hast ___________!»

25. «Du wirst es bereuen, wenn du noch einmal ___________!»

26. «Wenn du glaubst, du kannst ___________!»

27. «So kannst du mit deiner ___________ im Büro reden, aber nicht mit mir!»

28. «Wenn ich daran denke, daß ich dich geheiratet habe statt ___________!»

Als zusätzliche Unterstützung auf dem komplexen Gebiet des Ehestreits empfehlen wir Ihnen die Konsultation eines Eheberaters oder eines Psychologen. Sie werden schnell begreifen, welchen Nutzen Sie daraus ziehen können!

Die Vorteile einer Therapie

Erfahrungen mit Psychoanalyse, Gruppentherapie, Gesprächstherapie o. ä. verbessern Ihre Kommunikationsfähigkeit in einem Ehestreit beträchtlich.

Wenn Sie selbst in therapeutischer Behandlung sind, können Sie folgende Sätze benutzen:

1. «Mein Therapeut sagt, du behinderst mich!»
2. «Meine Therapeutin sagt, ich muß es mir nicht gefallen lassen, daß du so mit mir redest!»
3. «Keiner in meiner Gruppe hat solche Probleme mit seinem Partner!»
4. «Meine Gruppe sagt, du bist emotional unterentwickelt!»
5. «Mein Therapeut sagt, du bist ein Feigling!»

Außerdem können Sie natürlich selber all die Begriffe anwenden, die Sie in der Therapie gelernt haben. Ihr Partner wird es Ihnen danken!

1. «Hör doch auf zu agieren und nimm endlich eine Beziehung auf!»
2. «Weißt du, was du tust? Du projizierst!»
3. «Was ist dein Lustgewinn dabei?»
4. «Komm doch mal in Berührung mit deiner Wut!»
5. «Du bist das klassische Beispiel für regressives Verhalten!»

So nützlich solche Sätze sind, wenn Sie sie in Ihrer Therapie gelernt haben – sie vervielfachen ihre Wirkung, wenn Ihr Partner sie in seiner Therapie gelernt hat und Sie sie übernommen haben. In diesem Fall können Sie hinzufügen:

1. «Ich wünschte, Dr. Knies könnte dich hören!»
2. «Warte, ich rufe Dr. Knies an, dann kannst du das ihm gegenüber gleich noch einmal wiederholen!»
3. «Wenn das alles ist, was du nach sieben Jahren Therapie bei Dr. Knies begriffen hast, dann hast du dein Geld zum Fenster rausgeschmissen!»

Sollten Sie beide Therapieerfahrung haben, dann werden die folgenden Äußerungen auf besonders fruchtbaren Boden fallen:

1. «Ich wünschte, du wärst eine autonome Persönlichkeit!»
2. «Du mußt mich schon so annehmen, wie ich bin!»
3. «Wenn du dich nicht voll einbringst, hat das alles überhaupt keinen Sinn!»
4. «Das verstehst du also unter Selbstverwirklichung!»
5. «Vielleicht bearbeitest du erst mal deinen Konflikt!»
6. «Ich wünschte, du hättest endlich begriffen, was partnerschaftliches Verhalten bedeutet!»
7. «Mit Liebesentzug kannst du mich nicht schrecken!»
8. «Na, spürst du jetzt deinen Widerstand?»

Aber nun genug der Psychologie! Es ist wirklich höchste Zeit, Ihnen jetzt die Kampfstrategie zu erklären. Wissen Sie z. B., in welchem Stadium eines Streites Sie zugeben können, daß Sie im Unrecht sind?

Wenn Sie unrecht haben

Wenn Sie in einen Streit mit Ihrem Partner verwickelt sind, dürfen Sie nie zugeben, daß Sie unrecht hatten! Das wäre ein Zeichen von Schwäche – oder Schlimmerem. Wenn Sie zugeben, daß Sie irgendwann unrecht hatten, beginnt eine gefährliche Entwicklung – Sie könnten immer und zu jeder Zeit unrecht haben! Das können Sie sich aber nicht leisten! Deshalb machen Sie bitte folgenden Satz zu Ihrem Leitsatz: «Lieber recht haben als verheiratet sein!»

Also – wie beweisen Sie, daß Sie recht haben und Ihr Partner unrecht? Indem Sie ihm die Schuld geben!

Du bist schuld!

Wo es Ärger gibt, da gibt es auch Schuld – klarer Fall. An jeder Erscheinung im gesamten Universum ist irgend jemand schuld. Die einzige Möglichkeit, sich selbst von Schuld zu befreien, ist der Beweis, daß eben ein anderer schuld ist.

Und wenn es aber doch Ihre Schuld war? Was tun? Es zugeben? Niemals! Vergessen Sie diesen Gedanken sofort wieder! Wenn Sie wissentlich irgend etwas in bezug auf Ihren Partner falsch gemacht haben, dann gibt es nur eine Möglichkeit, aus dieser unerfreulichen Situation wieder herauszukommen: Sie stellen fest, daß er/sie genau diese Situation verdient hat! Und schon sind sie aus dem Schneider! Diese Technik ist auch bekannt als «Rückwirkendes Verdienthaben», und sie funktioniert so:

Das «Rückwirkende Verdienthaben»

Nehmen wir an, Sie haben sich von Ihrem Partner einen Pullover geliehen, und irgendwie hat er ein paar Flecken bekommen. Sie bringen ihn in die Reinigung, aber die Flecken sind immer noch drin. Der Pullover ist im Eimer. Widerstehen Sie der Versuchung, ein schlechtes Gewissen zu haben! Ein schlechtes Gewissen entfernt die Flecken auch nicht mehr, oder? Das einzig Richtige ist also, kein schlechtes Gewissen zu haben! Hätten Sie etwa eins, wenn der Pullover schon schmutzig gewesen wäre, bevor Sie ihn ausgeliehen haben? Natürlich nicht!

Überlegen Sie doch noch mal: War der Pullover vielleicht schon schmutzig, bevor Sie ihn genommen haben? Wahrscheinlich nicht. Aber vielleicht war er ja auch nicht hundertprozentig sauber? Womöglich ein bißchen angeschmutzt? Na, rührt sich was in Ihrem Gedächtnis? Ja, stimmt's? Und wissen Sie auch, warum? Weil Sie in Ihrem tiefsten Inneren wissen, daß Ihr Partner in Wirklichkeit wahnsinnig schlampig ist!

Wenn aber Ihr Partner so schlampig ist, dann ist es auch unwichtig, ob sein Pullover schmutzig oder sauber ist! Er wird die Flecken vielleicht nicht einmal bemerken.

Noch besser: Wenn er/sie so schlampig ist, dann hat er/sie die Flecken auch verdient!

Nachdem Sie jetzt mit den wertvollen Techniken des Schuldzuweisens und des rückwirkenden Verdienthabens vertraut sind, ist es an der Zeit, sich an die äußerst subtilen Techniken heranzuwagen, mit denen Sie Ihren Partner bestrafen können.

Wie Sie Ihren Partner bestrafen

Es gibt eine Fülle von Möglichkeiten, wie Sie Ihren Partner bestrafen können, nachdem der Höhepunkt der ehelichen Auseinandersetzung überschritten ist. Wir sprechen hier von Strafen für vergangene, gegenwärtige und auch zukünftige Anlässe. Einige dieser Methoden sind:

1. Beleidigtsein
2. Schmollen
3. Schluchzen (auch für Männer!)
4. Traurigsein
5. Sex ablehnen
6. Berührungen vermeiden
7. Trinken
8. Gekündigt werden
9. Krank werden (Siehe auch Krankheit als Strafe, Seite 113)
10. Ein Verhältnis anfangen
11. Schweigen

Das Schweigen

Wie funktioniert das Schweigen? Wann kann man es einsetzen? Wie teilt man dem Partner notwendige Informationen mit, ohne daß er sich freundlich behandelt fühlt?

Das Schweigen ist eine ausgezeichnete Methode, den Partner zu bestrafen und einen Streit auf Stunden, Tage, Wochen und sogar Jahre auszudehnen!

Das Schweigen schließt die oben genannten Methoden des Beleidigtseins, Schmollens, Schluchzens usw. ein, erfordert jedoch die Disziplin eines Trappistenmönchs. Sollte Ihnen diese Art von Disziplin nicht so liegen, können Sie ins Allge-

meine Schweigen ausweichen, verbunden mit übertriebener Höflichkeit und vorgetäuschter Schwerhörigkeit:
«Entschuldige, Liebling, hast du mit mir gesprochen?»
oder
«Verzeih – sagtest du etwas?»
Schließlich ist es für Sie von Vorteil, wenn Sie einen Rest des Ärgers, den Sie während der Auseinandersetzung empfunden haben, konservieren und bei passender Gelegenheit wieder einen anständigen Streit daraus machen.
Wie lange Sie schweigen, hängt ganz davon ab, was Ihr Partner verdient hat. Eine Ehefrau aus Aachen war ihrem Mann so böse, daß sie während einer Mittelmeer-Kreuzfahrt auch dann noch weiterschwieg, als sie über Bord fiel. Sie wollte ihrem Mann nicht die Genugtuung geben, sie um Hilfe rufen zu hören. Sie hat nie wieder mit ihm gesprochen – und auch sonst mit keiner Menschenseele.
So, und jetzt ein abschließendes Quiz über die Möglichkeiten zur Bestrafung des Partners:

Welche der folgenden Techniken ist während des Schweigens nicht erlaubt:

1. Berührungen vermeiden
2. Beleidigtsein
3. Schluchzen
4. Schmollen
5. Beten
6. Fellatio

EIN PAAR NACH DEM STREIT (VOGELPERSPEKTIVE)

Welcher Partner – A oder B – hat soeben beschlossen, zu schweigen?

Krankheit als Strafe

Eine der wirksamsten Möglichkeiten der Bestrafung des Partners ist die Krankheit. Wenn Sie jetzt einwenden, dies sei keine akzeptable Form der Strafe, weil Sie selber mehr leiden als Ihr Partner, dann nehmen Sie das Ganze nicht ernst genug und haben bis jetzt nichts aus diesem Buch gelernt.
Also – wie werden Sie krank? Da gibt es eine ganze Anzahl von Möglichkeiten. Vor allem: Nähren Sie Ihre Wut! Führen Sie sich so lange vor Augen, wie bösartig und gemein Ihr Partner Sie behandelt hat, bis Sie Magen-, Kopf- oder Herzbeschwerden haben. Wenn Sie so weit sind, gehen Sie in eine Bibliothek, leihen sämtliche medizinische Fachliteratur aus und suchen nach den Symptomen einer Reihe schwerer Krankheiten. Vergleichen Sie diese mit Ihren eigenen Symptomen und stellen Sie fest, welche Ihnen noch fehlen.
Nur schwere Krankheiten sind wirkungsvolle Strafen! Es wäre läppisch, davon auszugehen, daß Ihr Partner Ihnen Kopfschmerzen oder Schuppen oder Verdauungsstörungen beschert!
Damit die Strafe greift, müssen Sie höher hinaus – wählen Sie also eine langwierige und schwer zu behandelnde Erkrankung. Wenn es Ihnen gelingt, sich eine solche Krankheit zuzuziehen, werden Sie sich womöglich eine Menge Schmerzen und Leiden einhandeln und vielleicht sogar den Tod holen.

Aber bedenken Sie immer, was Sie Ihrem Partner damit antun können! Wenn es Ihnen nicht gelingt, eine entsprechende Krankheit zu bekommen, können Sie sich immer noch umbringen – aber nicht, bevor Sie so lange damit gedroht haben, daß Ihr Partner es Ihnen nicht mehr glaubt!

Dramatisches Kofferpacken

Manche Menschen fühlen sich betrogen, wenn Ihre Partner einen Streit nicht ernst genug nehmen. Je heftiger sie schreien, weinen oder mit Gegenständen werfen, um so intensiver vertieft sich der andere in seine Zeitungslektüre. Das ist gar keine so schlechte Taktik – aber wie soll man ihr begegnen?

Eine Art, den Ernst der Situation zu unterstreichen ist z. B., zum Schrank zu gehen, ein paar Koffer herunterzuholen und möglichst geräuschvoll zu packen.

Lassen Sie sich von sarkastischen Kommentaren Ihres Partners nicht beirren, wie: «Gehst du zum Chinesen, Schatz?»

Denken Sie daran – wie cool Ihr Partner sich auch gibt, innerlich schwitzt er Blut und Wasser!

Wenn Sie weiterpacken, wird Ihr Partner Sie schließlich bestätigen und in unschuldigem Ton fragen: «Stimmt irgend etwas nicht, Schatz?»

Jetzt ist Vorsicht angebracht! Sie müssen unbedingt wissen, wie weit Sie gehen können. Sollten Sie wirklich Ihre Koffer nehmen und zur Wohnungstür gehen? Sollten Sie die Tür öffnen und die Wohnung verlassen? Ins Auto steigen oder ein Taxi rufen? Wie offenkundig ist es, daß Sie gar nicht wissen, wo Sie hinsollen? An welchem Punkt – wenn überhaupt – können Sie damit rechnen, daß Ihr Partner Sie aufhält?

Den Streit beenden

Bevor Sie so etwas Unwiderrufliches tun wie einen Streit beenden, warten Sie einen Augenblick und überlegen Sie noch einmal gründlich. Sind Sie vielleicht zu schnell? Handeln Sie in der Hitze der Leidenschaft? Tun Sie womöglich etwas, das Sie später bereuen könnten? Wenn Sie danach immer noch wollen, sollten Sie noch Folgendes bedenken:

1. Wer den Streit begonnen hat, muß ihn auch beenden.
2. Wer Unrecht hat, muß den Streit beenden.
3. Wenn derjenige, der den Streit begonnen hat, identisch mit der Person ist, die Unrecht hat, kann der Streit niemals beendet werden.

Wer hat angefangen?

Derjenige, der als erster lauter als gewöhnlich gesprochen hat, hat möglicherweise den Streit begonnen. Es ist natürlich nicht ganz einfach zu bestimmen, was «gewöhnlich» heißt. Es genügt daher festzustellen, daß wahrscheinlich der angefangen hat, der den ersten Aschenbecher geschmissen hat.

Wer hat unrecht?

Das ist ganz einfach: Sie sind es nicht.

Was dann zu tun ist

Also, nehmen wir an, Sie haben herausgefunden, wer angefangen hat und wer im Unrecht ist. Heißt das, daß Sie nun endgültig aufhören müssen? Nicht doch! Sie haben immer noch ein paar Möglichkeiten:

1. Tun Sie so, als ob Sie nicht hören, daß Ihr Partner seine Fehlbarkeit zugibt und aufhören will. Beharren Sie auf dem strittigen Punkt und lassen Sie Ihren Partner nicht so einfach davonkommen.
2. Tun Sie so, als beendeten Sie den Streit, aber vergeben Sie Ihrem Partner nicht, und konservieren Sie Ihren Ärger.
3. Geben Sie das Zeichen zur Versöhnung, aber ziehen Sie sich unmittelbar vor der abschließenden Umarmung Ihres Partners mit einer bitteren Bemerkung zurück.
4. Akzeptieren Sie die Entschuldigung Ihres Partners nicht und erklären Sie, jetzt sei es zu spät dafür.
5. Bieten Sie selbst eine Entschuldigung an, die Ihr Partner unmöglich akzeptieren kann.

Wie man eine unmögliche Entschuldigung anbietet

Diese Kunst ist die Feuerprobe aller ehelichen Streitigkeiten! Sie besteht aus zwei Schritten: Sie beginnen (1) mit einer akzeptablen Feststellung, lassen dann aber (2) eine zweite folgen, die die erste wertlos macht.

A. «O. k., ich habe unrecht! (Pause) Komisch, daß immer ich unrecht habe!»

B. «Entschuldige, Liebling! Ich verstehe selbst nicht, wie ich dir so schreckliche Sachen sagen konnte! (Pause) Auch wenn sie stimmen!»

C. «Gut, ich entschuldige mich! (Pause) In Ordnung? Bist du nun zufrieden?»

Aufhören

An einem gewissen Punkt des Wortwechsels – bestimmt nicht vor vier Uhr morgens – gehen Ihnen vermutlich die Gemeinheiten aus, die Sie sich an den Kopf werfen könnten.
Sie haben eine trockene Kehle, sind völlig heiser und so erschöpft, daß Sie die Augen kaum noch offenhalten können. Aber wie aufhören? Welche Worte wären in der Lage, dieses ganze furchtbare Durcheinander zu einer Art Ende zu bringen?

Vielleicht helfen Ihnen die folgenden Vorschläge, die sich bereits vielfach als nützlich erwiesen haben:

1. «Da es dir offenbar egal ist, was ich sage, sage ich eben gar nichts mehr!»
2. «Da sowieso alles falsch ist, was ich tue, tue ich eben gar nichts mehr!»
3. «Ich habe genug! Ich halte es nicht mehr aus!»
4. «Mir reicht's jetzt, es steht mir schon bis hier!»
5. «Wenn du es so siehst, können wir die Diskussion genausogut beenden!»
6. «Ich fürchte, wir sind einfach nicht füreinander bestimmt!»
7. «Du tust, was du tun mußt, und ich tue, was ich tun muß!»
8. «Ich fürchte, ich bin einfach nicht der/die Richtige für dich!»
9. «Es gibt nichts mehr zu diskutieren zwischen uns!»
10. «Du wirst (Ihren Namen einsetzen!) nie mehr herumstoßen können!»

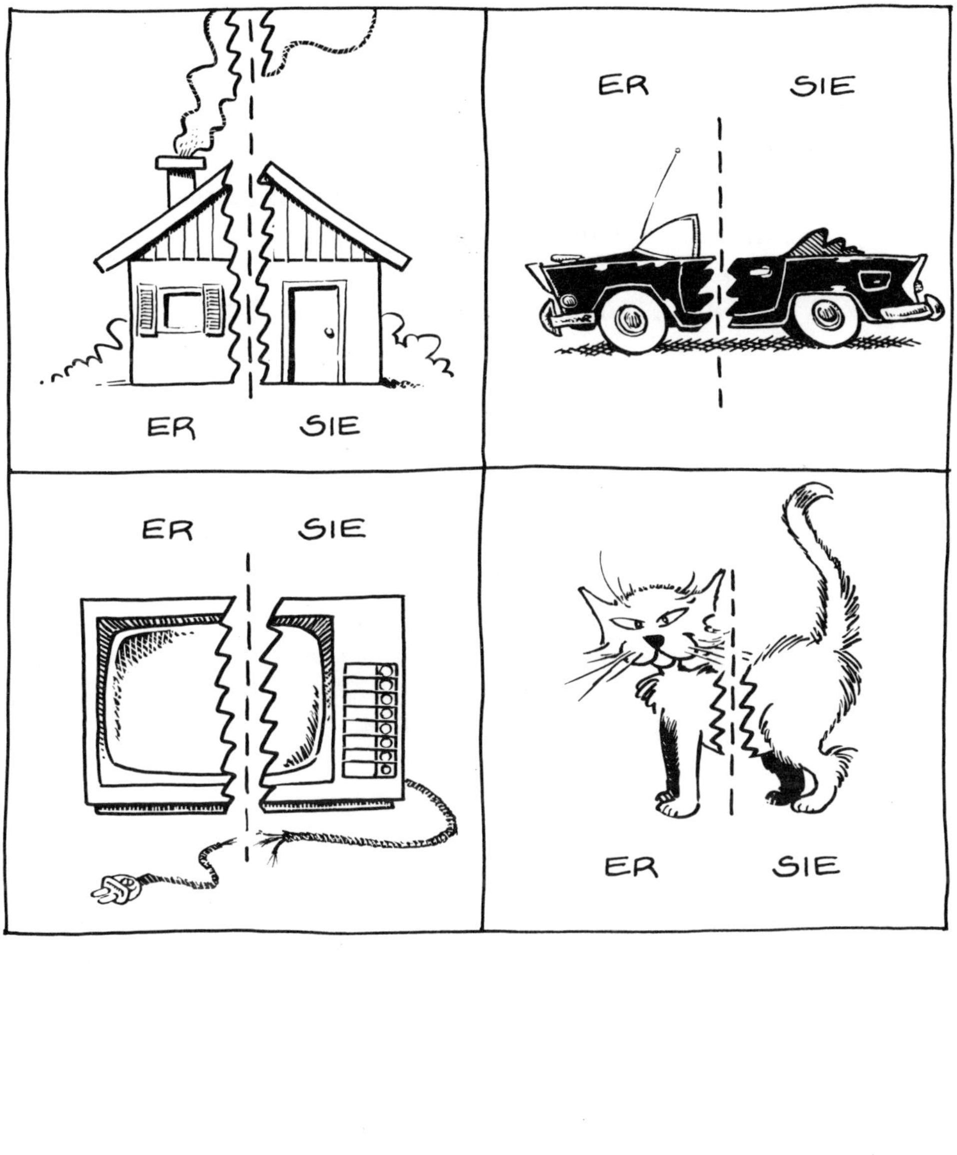
ER
SIE
ER
SIE
ER
SIE
ER
SIE

Test:
Will ich mich
scheiden lassen?

Zu welcher der unten beschriebenen Situationen paßt der Satz: «Ich will mich scheiden lassen!»

A. Sie und Ihr Partner haben einen heftigen Streit.

B. Sie haben herausgefunden, daß Ihr Partner eine Affäre hat.

C. Sie haben entdeckt, daß Sie selber eine Affäre haben.

D. Sie beide sind in ziemlichen finanziellen Schwierigkeiten.

E. Sie wachen morgens mit Kopfschmerzen auf.

Antwort: Der Satz paßt immer.

Die Autoren:

Suzanne O'Malley stammt aus Dallas und studierte an der University of Texas. Sie veröffentlichte zahlreiche Artikel in verschiedenen Magazinen, darunter «The New York Times Magazine», «Esquire», «Playboy», «Ms.» und «Cosmopolitan». Heute lebt sie mit ihrem Ehemann Dan Greenburg in New York. Gemeinsam verfaßten Sie bisher ein Drehbuch und «How to Avoid Love and Marriage».

Dan Greenburg, geboren in Chikago, studierte an der Universität of Illinois und an der University of California in Los Angeles. Seine Artikel erschienen u. a. in «The New Yorker», «Esquire», «Playboy» und «Life». Mit «How to Be a Jewish Mother» schrieb er einen der 25 erfolgreichsten «Nonfiction»-Titel, die jemals in den Vereinigten Staaten erschienen. Auch seine anderen Bücher wurden Bestseller, darunter «What Do Women Want?» und «How To Make Yourself Miserable».

Hoviv-

MANNSBILDER

Virile Machos, eitle Liebhaber, frivole Verführer . . .
Was der Franzose Hoviv an bissigen Beobachtungen
mit spitzer Feder und ebensolcher Zunge
vorführt, ist das ganze Panorama
der wirklichen Welt des Mannes.

Jeder Band im Großformat
Kartoniert, 56 Seiten, DM 16,80